PARA ENTENDER O ESPIRITISMO

Universo dos Livros Editora Ltda.
Avenida Ordem e Progresso, 157 – 8º andar – Conj. 803
CEP 01141-030 – Barra Funda – São Paulo/SP
Telefone/Fax: (11) 3392-3336
www.universodoslivros.com.br
e-mail: editor@universodoslivros.com.br
Siga-nos no Twitter: @univdoslivros

LUIS EDUARDO DE SOUZA
AUTOR DO BEST-SELLER *O HOMEM QUE FALAVA COM ESPÍRITOS*

PARA ENTENDER O ESPIRITISMO

São Paulo
2020

© 2020 by Universo dos Livros

Todos os direitos reservados e protegidos pela Lei 9.610 de 19/02/1998. Nenhuma parte deste livro, sem autorização prévia por escrito da editora, poderá ser reproduzida ou transmitida sejam quais forem os meios empregados: eletrônicos, mecânicos, fotográficos, gravação ou quaisquer outros.

Diretor editorial: Luis Matos
Gerente editorial: Marcia Batista
Assistentes editoriais: Letícia Nakamura e Raquel F. Abranches
Preparação: Marina Constantino
Revisão: Ricardo Franzin
Arte: Valdinei Gomes
Capa: Vitor Martins

Dados Internacionais de Catalogação na Publicação (CIP)
Angélica Ilacqua CRB-8/7057

B115s
    Souza, Luis Eduardo de
    Para entender o Espiritismo / Luis Eduardo de Souza. – São Paulo: Universo dos Livros, 2020.
    128 p.

    Bibliografia
    ISBN 978-65-5609-008-5

    1. Religião 2. Espiritismo I. Título

20-2241   CDD 133.9

SUMÁRIO

Introdução 7

Capítulo 1
O espiritismo 9

Capítulo 2
A origem do espiritismo 15

Capítulo 3
Mediunidade 39

Capítulo 4
A reencarnação 45

Capítulo 5
Vida após a morte 57

Capítulo 6
Deus 67

Capítulo 7
Os espíritos 69

Capítulo 8
Obsessão 73

Capítulo 9
A afinidade na visão espírita 79

Capítulo 10
Mundos espirituais 83

Capítulo 11
Ação e reação 89

Apêndice 1
Alguns episódios marcantes da história do espiritismo 93

Apêndice 2
A colônia espiritual Nosso Lar 121

Referências bibliográficas 127

INTRODUÇÃO

Nascer, viver, morrer, renascer ainda e progredir sempre, tal é a lei.

— Allan Kardec

Qual seria o segredo da religião apresentada ao mundo pelo professor francês Hippolyte Léon Denizard Rivail quando, em 18 de abril de 1857, lançou *O livro dos espíritos* sob o pseudônimo Allan Kardec? E por que o número de adeptos do espiritismo não para de crescer?

Descrito por Kardec como "o cristianismo redivivo", o espiritismo resgata em sua prática a essência simples do cristianismo do tempo em que os apóstolos, após a morte de Jesus, deram sequência à divulgação e exemplificação dos ensinamentos do Mestre. Por isso, nos centros espíritas, a simplicidade é vista como valor fundamental a ser preservado.

Ao trazer explicações racionais para aspectos do cotidiano, o espiritismo passa a ter um papel de consolador na vida dos seus adeptos, o que explica em parte o porquê de a maioria dos espíritas buscar um estilo de vida mais tranquilo e sereno.

Nesta obra, escrita com a ajuda inestimável dos amigos espirituais, o autor compartilha o conhecimento do espiritismo adquirido por meio da vivência e estudo da religião para trazer ensinamentos espíritas que poderão ajudar na busca por uma existência melhor por meio do caminho para a evolução espiritual, que, segundo o espiritismo, é o único que leva à verdadeira felicidade.

CAPÍTULO 1
O ESPIRITISMO

Não há fé inabalável senão aquela que pode encarar a razão face a face, em todas as épocas da humanidade.

— ALLAN KARDEC

O espiritismo se baseia em três pontos fundamentais. O primeiro deles é a ciência, mediante a qual se busca comprovação de todos os fenômenos espirituais, incluindo a existência do mundo imaterial, ou espiritual. O segundo é a filosofia, pois a doutrina apresenta e discute questões filosóficas que auxiliam os praticantes a repensar seus valores e seu modo de vida. O terceiro ponto é a religião, que tem o papel de reconectar o homem a Deus, fazendo com que os praticantes se voltem ao Criador.

Segundo o espiritismo, embora estejamos aqui, na Terra, a vida real é a do espírito. O mundo material teria um papel secundário, servindo somente para ajudar na evolução do espírito. Essa é a premissa básica da visão espírita.

O espiritismo não tem dogmas, ou seja, verdades absolutas. Assim, tudo o que foi apresentado na Codificação (o conjunto de livros escritos por Kardec) tem que ter uma explicação racional, mesmo nos termos do conhecimento atual. Caso contrário, deve ser questionado. Também não há nenhum tipo de ritual na prática do espiritismo, como ajoelhar-se ou fazer o sinal da cruz para rezar, tampouco uso de velas, incensos, banhos, mandingas etc. O ambiente da casa espírita deve ser simples, sem grandes adornos, sem imagem alguma. Não há culto a santos. Embora em alguns centros espíritas seja possível se deparar com um quadro de Allan Kardec, Chico Xavier ou Bezerra de Menezes, essa imagem foi colocada lá por iniciativa do dirigente ou dos colaboradores da casa, e não representa qualquer indicação feita nos livros básicos do espiritismo.

Diferentemente da maioria das religiões, no espiritismo não há um líder geral, como, por exemplo, o papa para o catolicismo. Os centros espíritas não têm donos. Desde o início, Kardec fez questão de deixar muito claro que a obra não era dele, nem de qualquer outro homem, mas dos espíritos. Kardec sempre destacou que, se a religião fosse obra de homens, ela poderia falhar, pois os homens são falíveis.

Os diferentes centros espíritas são normalmente filiados a uma Federação Espírita ou a Uniões de Sociedades Espíritas, visando à padronização dos trabalhos. Entre as atividades exercidas em um centro espírita estão a aplicação de passes magnéticos e espirituais (imposição das mãos feita pelos trabalhadores visando transmitir energias positivas ao frequentador que está tomando o passe), palestras espirituais (costumeiramente sobre temas do evangelho e vida espiritual), trabalhos mediúnicos (durante os quais os espíritos se manifestam), trabalhos de desobsessão (uma variação do trabalho mediúnico, em que os espíritos que se comunicam estão em estado de sofrimento e precisam ser esclarecidos e auxiliados) e trabalhos de vibração (nos quais médiuns e frequentadores mentalizam e enviam energias positivas para pessoas ou espíritos necessitados).

Ao chegar a um centro espírita pela primeira vez, o frequentador é normalmente direcionado a um grupo de orientação e encaminhamento, no qual terá a oportunidade de falar sobre os motivos que o levaram a procurar a casa espírita e sobre seus desejos e expectativas. Depois, passará por um atendimento individual dado por um voluntário da casa, que, na sequência, o encaminhará ao trabalho mais adequado às suas necessidades.

Na maioria das casas, ministram-se cursos como, por exemplo, a Escola de Educação Mediúnica. Os cursos incluem introdução ao evangelho de Jesus e explanações sobre a mediunidade, e seu objetivo é fornecer a base teórica para que o futuro médium possa se preparar adequadamente para assumir um trabalho na casa. Para os mais jovens, são oferecidos grupos de mocidade, que lhes dão a oportunidade de discutir em conjunto temas relacionados ao espiritismo, ao evangelho e ao seu cotidiano. Além disso, a maioria dos centros espíritas desenvolve um projeto assistencial para praticar a caridade ensinada no centro por meio do atendimento fraterno a pessoas carentes e em situação de dificuldade.

A maioria das casas espíritas é mantida somente com doações de seus frequentadores ou por meio de atividades como feiras de artesanato, almoço fraterno, bazar e venda de livros espíritas. Não se cobra nenhum valor dos frequentadores da casa. Não há dízimo. Da mesma forma, é proibido a qualquer médium cobrar por atendimento, em respeito à máxima "Dai de graça o que de graça recebeste".

CAPÍTULO 2
A ORIGEM DO ESPIRITISMO

O espiritismo realiza o que Jesus disse do consolador prometido: conhecimento das coisas, fazendo que o homem saiba de onde vem, para onde vai e por que está na Terra.

— Allan Kardec

O termo "espiritismo" foi apresentado ao mundo em 18 de abril de 1857 pelo professor francês Hippolyte Léon Denizard Rivail. Dois anos antes da publicação do primeiro livro espírita, o professor teve contato com um fenômeno muito popular dos grandes salões da França da época, transformando-se rapidamente na grande diversão de muitos franceses. Tratava-se das mesas girantes, ao redor das quais as pessoas se reuniam e se entusiasmavam com os movimentos que esses móveis faziam sem que ninguém encostasse neles.

Convidado por um amigo para presenciar esse fenômeno, o professor Rivail, um pesquisador experiente, já com diversos livros publicados e considerado um homem extremamente culto e inteligente, dirigiu-se até um dos salões em que os curiosos se reuniam. Ao observar o fenômeno, ele se surpreendeu imediatamente, pois viu que nenhuma lei da física explicava claramente o que estava acontecendo ali.

Adepto da fenomenologia – corrente de pensamento que, em linhas gerais, prega a observância de qualquer fenômeno sem nenhuma ideia preconcebida –, o professor resolveu estudar as mesas girantes baseando-se na premissa de que, se há um efeito inteligente, deve haver uma causa inteligente.

Logo, ele percebeu que os sons e movimentos emitidos pelas mesas não eram desconexos e poderiam ser categorizados e estudados, notando também que a quantidade de batidas da mesa poderia corresponder a respostas positivas ou negativas para as perguntas que fazia.

O estudo foi evoluindo e, em pouco tempo, novas técnicas foram desenvolvidas para a obtenção de respostas para as perguntas feitas. Com o tempo, ele percebeu que quem influenciava o processo não era a mesa, e sim as pessoas que estavam próximas, especialmente aquelas com sensibilidade para identificar a presença de seres espirituais, às quais passou a chamar de médiuns.

Esses médiuns começaram a auxiliá-lo a comunicar-se diretamente com os espíritos por meio de distintos métodos, que evoluíram com agilidade: inicialmente, uma cesta formava palavras ao se mover sobre papéis com letras escritas; mais tarde, métodos mais simples foram adotados, como a mera reprodução oral ou escrita, sem necessidade das mesas girantes ou de outros objetos físicos. As comunicações começaram a aumentar em número e frequência, e, em pouco tempo, não só o grupo que trabalhava com o professor Rivail, mas também médiuns de diferentes cantos da Europa, com os quais ele começou a se corresponder, passaram a se comunicar com os espíritos. E qual não foi o espanto do professor ao perceber que comunicações recebidas a partir de diferentes locais eram idênticas?

Algum tempo depois, ele recebeu o esclarecimento por parte dos espíritos de que seria o responsável por reunir todos os ensinamentos da espiritualidade em diferentes livros que seriam disseminados entre as pessoas.

Em uma das comunicações, ele foi informado de que havia sido um druida em outra vida. Pertencentes à sociedade celta, os druidas eram responsáveis por ensinar e orientar as pessoas, tal qual os filósofos gregos. Os espíritos também o informaram de que, nessa época, o professor atendia pelo nome de Allan Kardec.

Ao finalizar a primeira obra com os ensinamentos espíritas, sabendo que aquele conhecimento era totalmente diferente de tudo que já havia sido trazido à humanidade, o professor optou por usar esse pseudônimo para evitar qualquer confusão com as obras que havia publicado anteriormente. Com o nome Allan Kardec, publicou as seguintes obras:

- *O livro dos espíritos* (18 de abril de 1857), que reúne os princípios básicos do espiritismo;
- *O livro dos médiuns* (janeiro de 1861), um guia para a educação mediúnica usado até hoje para orientar a prática da mediunidade;
- *O evangelho segundo o espiritismo* (abril de 1864), que apresenta um estudo das lições morais contidas no Novo Testamento;

- *O céu e o inferno – ou a Justiça Divina segundo o espiritismo* (agosto de 1865), no qual se mostram detalhes da passagem da vida corporal para a espiritual, apresentando as situações que o espírito pode encontrar após desencarnar;
- *A Gênese – os milagres e as predições segundo o espiritismo* (janeiro de 1868), que, dividido em três partes, mostra a visão do espiritismo sobre a gênese, os milagres dos evangelhos e predições para o futuro da humanidade.

Além desses livros, considerados as cinco obras básicas do espiritismo, Kardec também escreveu os livros relacionados a seguir, sendo que *Obras póstumas* foi publicado após o seu desencarne em 1869, reunindo textos escritos ainda em vida.

- *Instruções práticas sobre as manifestações espíritas* (1858);
- *O que é o espiritismo?* (1859);
- *O espiritismo em sua mais simples expressão* (1862);
- *Viagem espírita em 1862* (1867);
- *Obras póstumas* (1890).

Após publicar *O livro dos espíritos*, Kardec fundou a primeira Sociedade Espírita, em Paris, e iniciou viagens por diversas regiões para ajudar na criação de novos centros espíritas. Surgiam as bases para disseminar a religião.

O espiritismo chegou em 1860 ao Brasil e teve como grande nome em sua fase inicial o médico, jornalista e político Adolfo Bezerra de Menezes Cavalcanti (1831--1900), que presidiu a Federação Espírita Brasileira e foi um dos mais importantes espíritas do país, sendo considerado o "Kardec brasileiro". Nascido na pequena cidade de Riacho de Sangue (hoje Jaguaretama), no Ceará, mudou-se para o Rio de Janeiro, então capital do país, para iniciar seus estudos em medicina. Ficou conhecido como o "médico dos pobres" pelo trabalho social que desenvolvia e por atender gratuitamente centenas de pacientes que frequentavam a sua clínica. Certa vez, sem muito dinheiro para auxiliar uma paciente que teria que comprar medicamentos receitados por ele, Bezerra deu-lhe (além do dinheiro do bonde) o seu anel de formatura, para que ela o entregasse à farmácia em troca dos remédios. No fim do dia, teve que voltar a pé para casa, distante do consultório.

Como político, foi deputado reeleito por vários mandatos, tendo chegado a exercer a presidência da Câmara. Era extremamente respeitado por seus companheiros de trabalho. Por meio da psicografia, ditou obras de destaque, como *Bezerra, Chico e você, Apelos cristãos, Nosso livro, Cartas do coração, Instruções psicofônicas, O espírito da verdade, Relicário de luz, Dicionário da alma, Caminho espírita* e *Luz no lar*, entre outras. Atualmente, Bezerra de Menezes tem milhares de "devotos" em todo o país, pessoas que o consideram um ser iluminado, um santo, e que rezam para ele em busca de uma graça para a cura de doenças físicas. Em 2009, um filme sobre sua vida (*Bezerra de Menezes – O diário de um espírito*) foi lançado em apenas 50 salas de cinema, mas contou com o espantoso público de 500 mil pessoas, tendo se tornado um enorme sucesso de bilheteria.

Entretanto, o maior responsável pelo crescimento do número de praticantes do espiritismo no Brasil foi o médium Francisco Cândido Xavier, que nasceu em 2 de abril de 1910 e, em seus 92 anos de vida, psicografou mais de 460 obras, acumulando mais de 30 milhões de livros vendidos em 45 países, com traduções para o castelhano, o esperanto, o francês, o grego, o inglês, o japonês, o tcheco, entre outros idiomas, transcrições para o braile e milhares de mensagens que expandem os ensinamentos trazidos inicialmente nas obras de Allan Kardec, sendo considerado o maior fenômeno mediúnico do século XX. Além disso, Chico – considerado por muitos um homem santo, devido às obras de caridade que patrocinava com os direitos autorais da venda de seus livros, ao jeito simples e ao desapego dos bens materiais que praticava – ajudou a trazer uma visão positiva, humana e menos mística para o espiritismo.

Durante sua existência, Chico Xavier ajudou milhares de espíritos a enviarem mensagens para seus parentes ainda vivos. Semanalmente, centenas de pessoas procuravam o médium, buscando receber comunicações de entes queridos falecidos. Algumas pessoas eram bem-sucedidas, outras, não. Chico sempre fazia questão de dizer que "o telefone toca de lá para cá". Ou seja, os espíritos é que dizem quando desejam se comunicar conosco, e não o contrário.

Com uma vida atribulada e de origem muito pobre, Chico não teve a oportunidade de estudar além do primário. Isso certamente atesta a impossibilidade de ele ter escrito tantas mensagens, com informações das mais diferentes áreas do conhecimento humano, sem a ajuda de algo sobrenatural.

Em 1932, Chico publicou seu primeiro livro, intitulado *Parnaso de além-túmulo*, uma coletânea de 256 poemas assinados pelos espíritos de grandes nomes da literatura, como João de Deus, Antero de Quental, Olavo Bilac, Castro Alves, Guerra Junqueira, Cruz e Souza e Augusto dos Anjos, entre outros. Na época, o jornalista Humberto de Campos fez a seguinte análise do livro na edição de 10 de julho de 1932 do jornal *Diário carioca*:

> Eu faltaria, entretanto, ao dever que me é imposto pela consciência se não confessasse que, fazendo versos pelas penas do sr. Francisco Cândido Xavier, os poetas de que ele é intérprete apresentam as mesmas características de inspiração e de expressão que os identificavam neste planeta. Os temas abordados são os que os preocuparam em vida. O gosto é o mesmo

e o verso obedece, ordinariamente, à mesma pauta musical. Frouxo e ingênuo em Casimiro, largo e sonoro em Castro Alves, sarcástico e variado em Junqueira, fúnebre e grave em Antero, filosófico e profundo em Augusto dos Anjos – sente-se, ao ler cada um dos autores que veio do outro mundo para cantar neste instante, a inclinação do sr. Francisco Cândido Xavier para escrever à *la manière de*... ou para traduzir o que aqueles altos espíritos sopraram ao seu ouvido.

O que Humberto de Campos não sabia à época é que, poucos anos depois, ele mesmo desencarnaria e, então, incluiria um texto próprio na introdução da segunda edição da obra. Desde a publicação de *Parnaso de além--túmulo*, Chico não parou mais de escrever, tendo como destaque em sua obra os romances históricos ditados pelo espírito Emmanuel, entre os quais estão *Há 2000 anos, 50 anos depois, Ave, Cristo!* e *Paulo e Estêvão*, e os livros da série André Luiz, que trazem informações detalhadas sobre como seria a vida no "outro lado".

A série André Luiz teve início com a psicografia de *Nosso Lar*, redigido em 1943, que rapidamente se tornou o grande *best-seller* de Chico Xavier, com mais de 2 milhões de cópias vendidas. *Nosso Lar* é considerado um dos melhores livros espíritas de todos os tempos, trazendo detalhes da vida na colônia espiritual Nosso Lar e contando como André Luiz foi socorrido após passar nove anos vagando por uma região da crosta terrestre batizada de Umbral. Além de ter inspirado a novela *A viagem*, de Ivani Ribeiro, apresentada originalmente pela extinta TV Tupi em 1975 (uma nova versão foi apresentada pela Rede Globo em 1994), em 2010 a adaptação cinematográfica da obra levou mais de 4 milhões de pessoas aos cinemas.

Os primeiros livros ditados por André Luiz trazem detalhes dos espíritos e da vida no Além, e passaram a ser conhecidos como a coleção "A Vida no Mundo Espiritual". A coleção é composta por treze obras:

1. *Nosso Lar*
2. *Os mensageiros*
3. *Missionários da luz*
4. *Obreiros da vida eterna*
5. *No mundo maior*

6. *Libertação*
7. *Entre a Terra e o Céu*
8. *Nos domínios da mediunidade*
9. *Ação e reação*
10. *Evolução em dois mundos*
11. *Mecanismos da mediunidade*
12. *Sexo e destino*
13. *E a vida continua...*

Além destes, André Luiz ditou a Chico livros como *Conduta espírita*, *Agenda cristã* e *Desobsessão*, entre outros.

Já nos trabalhos realizados por Chico em parceria com o espírito Emmanuel, a voz de um se confundia à do outro, tal o grau de afinidade entre o intérprete e o seu guia espiritual. Em 1927, quatro anos antes de contatar Chico, Emmanuel comunicara-se pela primeira vez com a médium Carmem Perácio em uma reunião espírita realizada na Fazenda Maquine, local em que Chico conheceu o espiritismo. Nesse contato, Emmanuel já se identificara a Carmem como amigo espiritual de Chico Xavier, relatando que estava apenas esperando o momento certo para iniciar a grande tarefa dos livros psicografados.

Conhecido como um espírito de alta luminosidade, Emmanuel teria feito parte da chamada Falange do Espírito da Verdade, grupo de espíritos que revelara a doutrina espírita a Kardec.

Seus livros dão um panorama do nascimento do cristianismo, em especial *Paulo e Estevão*, *Ave, Cristo!* e *Renúncia*, obras baseadas em episódios históricos. Já trabalhos como *Caminho, verdade e vida*, *Pão nosso*, *Vinha de luz* e *Fonte viva* possuem uma interpretação superior dos ensinamentos de Jesus. Outras obras de destaque desse famoso espírito são *A caminho da luz*, um relato da história da civilização de acordo com os ensinamentos do espiritismo, e *Emmanuel*, livro de ensaios sobre ciência, religião e filosofia.

Logo nos primeiros contatos, Chico questionou Emmanuel sobre sua identidade em vidas anteriores, mas o espírito só revelou seu passado nos livros *Há 2000 anos* e *50 anos depois*. Suas histórias terminaram por fascinar milhares de leitores e apresentaram-no como tendo encarnado diversas vezes na Terra na figura de personalidades bastante conhecidas, entre elas um senador romano chamado Públio Lêntulus Sura, que sofreu com a suspeita de ter sido traído pela esposa, Lívia, a quem verdadeiramente idolatrava. Sura fora bisavô de Públio Lêntulus Cornélius, político romano nascido no período terminal da República e contemporâneo de figuras históricas como Júlio César, Cícero e Catão.

Públio Lêntulus Sura morreu em 79 d.C., em Pompeia, vítima das lavas impiedosas do vulcão Vesúvio. Nessa época, já estava cego e totalmente voltado aos princípios do cristianismo. A etapa seguinte de suas encarnações se deu no ano 131 d.C. e foi descrita pelo espírito no livro *50 anos depois*. Nessa obra, o senador renasce em Éfeso, e seu nome é Nestório. Trata-se de um homem muito culto que, na infância, teve a oportunidade de ouvir as pregações do apóstolo João. Seu destino foi duro, porém: tornou-se escravo quando atingiu a idade adulta e foi levado para servir em Roma. Nestório faleceu no Coliseu de Roma junto a outros adeptos do cristianismo condenados à morte. Uma vez desencarnado, foi recebido por sua esposa da vida anterior, Lívia.

Sua mais recente encarnação ocorreu em 18 de outubro de 1517, em Portugal, com um nome que entraria para a história brasileira como um dos mais importantes desse tempo: Manuel da Nóbrega, o padre missionário dedicado e batalhador, companheiro de José de Anchieta.

Essa revelação aconteceu numa sessão espírita realizada em 1949. Parte da mensagem que foi psicografada dizia:

> O trabalho de cristianização, irradiado sob novos aspectos do Brasil, não é novidade para nós. Eu havia abandonado o corpo físico em dolorosos compromissos no século XV, na Península, onde nos devotávamos ao 'crê ou morre', quando compreendi a grandeza do país que nos acolhe agora. Tinha meu espírito entediado de mandar e querer sem o Cristo. As experiências do dinheiro e da autoridade me haviam deixado a alma em profunda exaustão. Quinze séculos haviam decorrido sem que eu pudesse imolar-me por amor do Cordeiro Divino, como o fizera, um dia, em Roma, a companheira do coração. Vi a floresta perder-se de vista e o patrimônio extenso entregue ao desperdício, exigindo o retorno à humanidade civilizada e entendendo as dificuldades do silvícola relegado à própria

sorte. Nos azares e aventuras da terra dadivosa que parecia sem fim, aceitei a sotaina, de novo, e por Padre Nóbrega conheci de perto as angústias dos simples e as aflições dos degredados. Intentava o sacrifício pessoal para esquecer o fastígio mundano e o desencanto de mim mesmo, todavia, quis o Senhor que, desde então, o serviço americano e, muito particularmente, o serviço ao Brasil não me saísse do coração. A tarefa evangelizadora contínua.

No Brasil, foi o padre Manuel da Nóbrega quem escolheu o local da futura cidade de São Paulo, fundada em 25 de janeiro de 1554. Uma data que, para o padre, tinha um significado simbólico, uma vez que era o dia em que Paulo de Tarso havia se convertido ao cristianismo. No dia de seu aniversário, em 18 de outubro de 1570, quando completava 53 anos de vida, desencarnou pela última vez.

Muitos anos depois, esse espírito se colocaria ao lado de Chico Xavier para ajudá-lo a cumprir sua missão. Logo nos primeiros contatos, em 1931, Emmanuel transmitiu a Chico duas orientações básicas para o trabalho que deveria desempenhar, reforçando que, se não as seguisse, ele falharia em sua missão. A primeira conversa travada foi narrada posteriormente por Chico Xavier:

- Está você realmente disposto a trabalhar na mediunidade com Jesus?

- Sim, se os bons espíritos não me abandonarem... - respondeu o médium.

- Não será você desamparado - disse-lhe Emmanuel -, mas para isso é preciso que você trabalhe, estude e se esforce no bem.

- E o senhor acha que eu estou em condições de aceitar o compromisso? - tornou Chico.

- Perfeitamente, desde que você procure respeitar os três pontos básicos para o serviço...

Porque o protetor se calasse o rapaz perguntou:

- Qual é o primeiro?

A resposta veio firme:

- Disciplina.

- E o segundo?

- Disciplina.

- E o terceiro?

- Disciplina.

A segunda orientação de Emmanuel para o médium foi descrita por ele da seguinte maneira:

– Lembro-me de que em um dos primeiros contatos comigo, ele me preveniu que pretendia trabalhar ao meu lado, por tempo longo, mas que eu deveria, acima de tudo, procurar os ensinamentos de Jesus e as lições de Allan Kardec e, disse mais, que, se um dia, ele, Emmanuel, algo me aconselhasse que não estivesse de acordo com as palavras de Jesus e de Kardec, que eu devia permanecer com Jesus e Kardec, procurando esquecê-lo.

Chico narra ainda que, após lhe dizer essas palavras, Emmanuel lhe comunicou que eles realizariam a tarefa de, inicialmente, redigir trinta livros por meio da psicografia. Naquele momento, ele se surpreendeu e, de pronto, afirmou a Emmanuel que publicar trinta livros demandaria muito dinheiro e a sua situação financeira era muito precária.

Emmanuel disse-lhe que a publicação dos livros seria feita por caminhos que Chico não poderia imaginar. A profecia se cumpriu quando Chico enviou *Parnaso de além-túmulo*, sua primeira obra, para um dos diretores da Federação Espírita Brasileira, que aprovou a publicação do livro.

Em 1947, Chico havia concluído a série de trinta livros e perguntou a Emmanuel se o trabalho já estava cumprido. O espírito respondeu que eles iniciariam uma nova série de trinta livros. A nova série foi concluída em 1958 e Chico questionou novamente se a tarefa já estava cumprida. Emmanuel respondeu-lhe que os mentores espirituais haviam determinado que eles deveriam cumprir a missão de trazer cem livros por meio da psicografia de Chico.

Quando por fim cumpriu a tarefa, Chico, dessa vez achando que já havia terminado seu trabalho, repetiu a pergunta e, dessa vez, recebeu a seguinte resposta:

> Os mentores da Vida Superior expediram uma instrução que determina que a sua atual reencarnação será desapropriada, em benefício da divulgação dos princípios espírita-cristãos, permanecendo a sua existência, do ponto de vista físico, à disposição das entidades espirituais que possam colaborar

na execução das mensagens e livros, enquanto o seu corpo se mostre apto para as nossas atividades.

Chico entendeu então que psicografaria livros em prol da divulgação da mensagem espírita-cristã até o final de sua existência física. Conseguiu conciliar seu trabalho no campo da mediunidade com os trabalhos como operário de uma fábrica de tecidos, servente de fiação, servente de cozinha, caixeiro de armazém e inspetor agrícola. Falando sobre seu trabalho mediúnico, Chico afirmou:

– Desde 1927 o meu convívio com as entidades espirituais foi contínuo. Quanto a recompensas, eu me sinto uma pessoa altamente recompensada, não do ponto de vista pecuniário, porque os livros pertencem às editoras e todos foram doados gratuitamente por meio de documentos legais assinados por nós. Mas há uma recompensa inestimável, que são amigos tão preciosos como eu os tenho. Eu devo a presença destes amigos na minha vida, aos livros, às mensagens e a reuniões que tive.

Outro depoimento, dado por ele ao tratar de um questionamento sobre a psicografia do livro *Paulo e Estevão*, dá a exata dimensão de como ele era extremamente disciplinado para conciliar seu trabalho com a redação das psicografias:

– Eu trabalhei por 37 anos em uma repartição do Ministério da Agricultura. Eu chegava em casa por volta das 5:15 da tarde, tomava alguma coisa rápida, um chá, qualquer coisa, fechava a porta do quarto e trabalhava das 5:30 às duas da madrugada. Foi assim que foi recebido o livro *Paulo e Estevão*. Eu tinha que receber, passar a limpo e depois eu datilografava. Isto durou muitos anos, mas quando me aposentei pensei que estava certo ao achar que era possível ser um médium e um profissional. *É só disciplinar o tempo.*

Em diversas oportunidades, as psicografias de Chico foram objeto de estudo por parte de especialistas que queriam comprovar sua autenticidade. Um estudo feito pela Associação Médico-Espírita de São Paulo apresentou os seguintes resultados ao passar as assinaturas dos "mortos" por um exame grafotécnico:

- 52,5% das assinaturas eram idênticas;
- 22,5% das assinaturas eram semelhantes; e
- 25% das assinaturas eram diferentes.

Em 95% dos casos, Chico Xavier não conhecia previamente o espírito comunicante. Outro dado interessante é que a família reconheceu o estilo do espírito enquanto encarnado em todos os casos.

Apesar de seu dom mediúnico mais conhecido ser a psicografia, Chico Xavier também exercitou constantemente outras formas de mediunidade, como psicofonia, vidência, audiência, entre outras. O médium também realizava muitos fenômenos de efeitos físicos. Houve uma vez em que perfumou a água que os assistentes traziam; outra vez, o ar.

Contam algumas testemunhas que, em certa ocasião, Chico foi rezar ao lado da cama de uma mulher muito doente e sem esperanças de melhorar. Enquanto o médium rezava, pétalas de rosas começaram a cair do teto sobre a doente. A mulher veio a falecer sem sofrimento durante aquela madrugada. Algum tempo depois desse acontecimento, Emmanuel intercedeu junto a ele, recomendando que suspendesse os trabalhos de efeitos físicos e se concentrasse na transmissão de mensagens espirituais.

CAPÍTULO 3
MEDIUNIDADE

O objetivo maior da prática mediúnica no espiritismo é persuadir o ser humano para que ele seja, no decorrer do aprendizado evolutivo, médium da sua própria natureza.

— Allan Kardec

Qualquer pessoa, seja ela espírita ou não, já deve ter ouvido falar na figura do médium. Mas, afinal de contas, o que é a mediunidade? Para simplificar a compreensão, chamaremos a mediunidade de "sexto sentido".

Segundo Allan Kardec, esse sexto sentido permitiria a percepção da influência dos espíritos e poderia ser desenvolvido por qualquer pessoa, já que a mediunidade é uma capacidade orgânica.

Existe um órgão responsável pela mediunidade: a epífise, glândula situada na região centroposterior da área diencefálica do cérebro. A glândula epífise, ou glândula pineal, é a sede fisiológica de todos os fenômenos mediúnicos.

Assim, conclui-se que todas as pessoas têm a capacidade de perceber a influência dos espíritos, mas nem todas desenvolvem essa habilidade durante sua existência.

O sexto sentido, ou percepção extrassensorial, tem como objetivo estabelecer uma ponte entre o mundo físico e o espiritual. Para isso, ele se apresenta por meio de fenômenos de efeitos intelectuais (psicografia, psicofonia, clarividência, clariaudiência etc.) ou físicos (batidas, movimento de objetos, materializações, fenômenos de voz direta etc.).

O espiritismo diz que a comunicação com os espíritos desencarnados é perfeitamente natural, uma vez que somos todos espíritos, embora alguns estejam temporariamente encarnados. Essa comunicação se estabelece nos níveis mental e emocional dentro dos princípios da lei de sintonia, ou seja, encarnados e desencarnados se atraem ou se repelem por afinidade e interesses em comum.

Aquele que desenvolve a mediunidade é denominado médium. Geralmente, os médiuns têm uma aptidão especial para determinado tipo de fenômeno. Há tantas variedades de médiuns quanto formas de manifestações. Os tipos de médiuns mais comuns são os de efeitos físicos, os sensitivos, os audientes, os psicofônicos, os videntes, os sonambúlicos, os curadores, os pneumatógrafos e os psicógrafos:

- **Médiuns de efeitos físicos:** são aqueles aptos a produzir fenômenos materiais, como movimentar corpos inertes ou realizar ruídos. Podem ser classificados em médiuns facultativos – os que produzem os fenômenos espíritas por vontade própria e são totalmente conscientes do que estão fazendo – e os médiuns involuntários – que não possuem consciência e nem mesmo desejo de produzir fenômenos.
- **Médiuns sensitivos:** são pessoas suscetíveis a detectar a presença de espíritos a partir de uma impressão vaga e que podem reconhecer se o espírito é bom ou mau por meio das sensações provocadas, mais sutis ou mais pesadas.
- **Médiuns audientes:** são aqueles que ouvem a voz dos espíritos e podem conversar diretamente com eles.

- **Médiuns psicofônicos:** são os que transmitem as mensagens dos espíritos por meio da fala.
- **Médiuns videntes:** são dotados da faculdade de ver os espíritos. Entre os médiuns videntes, há alguns que só veem os evocados e outros que veem toda a população de espíritos.
- **Médiuns sonambúlicos:** são médiuns cujos espíritos, durante o sono, veem, ouvem e percebem os demais espíritos.
- **Médiuns curadores:** são pessoas com o dom de curar pelo simples toque, pelo olhar ou mesmo por um gesto, sem utilizar qualquer medicação.
- **Médiuns pneumatógrafos:** detêm a capacidade de produzir a escrita direta, ou seja, formar frases e palavras em uma superfície à distância sem fazer uso de qualquer tipo de material. Um exemplo clássico, citado pelo espírito Emmanuel no livro *A caminho da Luz*, psicografado por Chico Xavier, é o recebimento dos Dez Mandamentos por Moisés, que teria se dado por escrita direta em uma pedra.

- **Médiuns psicógrafos:** são os que transmitem as mensagens dos espíritos por meio da escrita. Esses médiuns podem ser divididos em três categorias: mecânicos, semimecânicos e intuitivos. Os mecânicos não têm consciência do que escrevem e a influência do pensamento do médium na comunicação é quase nula. Os semimecânicos interferem parcialmente na comunicação. Já os intuitivos recebem a ideia do espírito comunicante e a interpretam, desenvolvendo-a com suas próprias possibilidades morais e intelectuais.

CAPÍTULO 4
A REENCARNAÇÃO

Embora ninguém possa voltar atrás para fazer um novo começo, qualquer um pode começar agora a fazer um novo fim.

— Chico Xavier

O espiritismo tem como base a ideia da continuidade da vida após a morte, tipificada pelo conceito de reencarnação. De acordo com essa religião, os espíritos desencarnados voltarão à vida. A morte, portanto, não é o fim, e não há o conceito do "dia do Juízo Final".

Algumas religiões cristãs, como o catolicismo, não acreditam em reencarnação, e sim na ressurreição, ou seja, na possibilidade de se voltar à vida terrena com o mesmo corpo - diferentemente da crença espírita, que preconiza que tal volta se dá em outro corpo. Porém, estatísticas mostram que, dos conceitos espíritas, a reencarnação é o mais facilmente aceito, e até pessoas de outras religiões usam a palavra reencarnação. O censo de 2010, realizado pelo IBGE (Instituto Brasileiro de Geografia e Estatística), mostra, por exemplo, que 44% dos católicos acreditam em reencarnação, o que seria contrário ao próprio dogma católico da ressurreição.

Em linhas gerais, a reencarnação é a oportunidade que cada espírito tem de passar por diferentes existências no planeta. O espírito é sempre o mesmo, mas o corpo muda de uma existência para a outra, e o espírito pode habitar um corpo masculino ou feminino.

Segundo Kardec, o espírito, inicialmente, não possui sexo, ou seja, não é homem nem mulher. Essa característica somente existe quando o espírito encarna no planeta, onde assume um corpo masculino ou feminino. Ele afirma que um espírito não reencarna em corpos masculinos ou femininos em porcentagem igual; quase sempre há uma predominância. Assim, no estágio atual de evolução, mesmo no mundo espiritual, ainda não existe um sexo neutro. Somente espíritos de primeira ordem – os chamados "espíritos puros" – não apresentam predominância na escolha dos sexos.

O número de encarnações em cada sexo depende da necessidade de cada espírito, pois as diversas experiências podem contribuir em diferentes aspectos para o desenvolvimento do espírito. Assim, o sexo escolhido pelo espírito será aquele que mais facilitar a sua evolução em geral.

O número de reencarnações pelas quais o espírito terá de passar e o intervalo entre elas dependerão, basicamente, da velocidade com que ele evoluir. Quanto mais lenta for sua evolução, maior o número de reencarnações, que o colocarão em contato com experiências diferentes.

Já o local em que um espírito vai reencarnar é determinado pelo seu grau de evolução e de afinidade com os que estão próximos.

A cada existência encarnada, o espírito passa por diferentes experiências, novos aprendizados e provações, para que sempre possa aprender, algumas vezes com os próprios erros. Para facilitar o aprendizado, no momento de reencarnar o espírito se esquece de tudo o que viveu em existências anteriores, de forma a ter a oportunidade de recomeçar sem os traumas do passado, ainda que certas reminiscências e tendências fiquem registradas em algum ponto da memória.

Imagine descobrir que seu marido ou sua esposa o fez sofrer em outra vida ou, pior ainda, o assassinou? Será que você conseguiria continuar vivendo com essa pessoa? Imagine que, em outra vida, você fez muito mal a algumas pessoas. Conseguiria viver com esse sentimento de culpa?

Mesmo no plano espiritual, a lembrança de vidas passadas é feita com rígido controle, com o objetivo de não trazer à tona lembranças anteriores que possam prejudicar o equilíbrio psíquico do espírito. Além disso, quando é consentido que ele se recorde do passado, essa lembrança fica, em geral, limitada às últimas encarnações ou aos momentos-chave de algumas delas, para que, da mesma maneira, não restem lembranças muito desagradáveis que possam prejudicá-lo.

Alguns espíritos podem escolher as provas pelas quais vão passar quando encarnados. A escolha dessas provas sempre tem como critério propiciar o seu desenvolvimento. Assim, por exemplo, um espírito que em outra vida fez mau uso do dinheiro, cedendo a todo tipo de paixão, pode escolher, nesta existência, vir privado de recursos materiais para aprender a valorizar coisas mais elevadas. Ou, então, alguém que possuía uma aparência muito bonita e deixou-se levar pelo orgulho pode escolher encarnar com uma aparência considerada feia, para não sucumbir de novo.

Em muitos casos, porém, a reencarnação é compulsória. Isso ocorre quando o espírito ainda não tem discernimento suficiente para escolher as provas pelas quais deve passar, e então é obrigado a seguir o planejamento feito pela espiritualidade. Nesses casos, muitas vezes nem o desejo de reencarnar está presente no espírito.

Referente à escolha da família em que o espírito vai reencarnar, esta nem sempre se dá por meio de afinidade entre os futuros familiares. Muitas vezes, o laço entre eles é somente corporal, e os espíritos são colocados na mesma família para que possam superar desavenças do passado e evoluir juntos.

Durante a gestação, o espírito já passa a conviver com a mãe para se ambientar a ela e, novamente, ao planeta, guardando consigo algumas impressões desse período. Assim, o amor dos pais nesse momento o ajuda a ganhar ânimo. Já as brigas entre os pais ou mesmo algum tipo de rejeição ao futuro filho podem gerar traumas e medos no espírito em transição, que o acompanharão enquanto encarnado.

O espiritismo ensina que a reencarnação é o instrumento pedagógico do qual Deus se utiliza para proporcionar a oportunidade da evolução espiritual rumo à perfeição. Portanto, permitir, por meio da paternidade ou da maternidade, o retorno de um espírito que necessita reencarnar para evoluir é um ato de amor e caridade. Uma pessoa, porém, tem o direito de fazer a programação familiar e definir quantos filhos terá, levando em consideração inclusive fatores de ordem econômica. A questão é complexa e deve ser analisada caso a caso. Havendo razões realmente justas, uma pessoa pode limitar sua prole, principalmente se já tem filhos e entender que não convém mais ter outros. Assim, o uso de anticoncepcional e outros métodos contraceptivos não é proibido pelo espiritismo, exceto métodos considerados abortivos, como a pílula do dia seguinte.

Mesmo afirmando que, quando não há reencarnação compulsória, o espírito escolhe as provas pelas quais deve passar, o espiritismo mostra que esse planejamento inicial pode ser alterado de acordo com a necessidade prática de o espírito ter que passar por aquela prova, especialmente de acordo com seu livre-arbítrio. A única coisa que não pode ser alterada, a não ser que a Espiritualidade Maior entenda que aquele espírito está em uma nova missão pela coletividade, é a data do desencarne.

Não existe fatalidade segundo o espiritismo. Como diz o ditado popular, ninguém morre de véspera. Se desencarnou, é porque a hora era chegada; se sobreviveu, é porque o espírito ainda necessitava passar por algumas experiências.

O espiritismo ensina que a vida é o maior dom que alguém pode receber. Assim, tirar a própria vida é um ato contra o Criador que traz sérias consequências para aquele que o pratica. Quando um espírito encarna no planeta, já vem sabendo de antemão quanto tempo seu corpo físico deve durar e quando desencarnará se cuidar adequadamente desse corpo. O tempo de vida só é alterado pelo crime do suicídio ou pelo aborto, praticado contra o feto. Para o espiritismo, o aborto é uma transgressão à lei de Deus. Trata-se de um crime tirar a vida de uma criança antes de seu nascimento, e quem o pratica adquire um débito que, necessariamente, terá de ser resgatado nesta ou na próxima encarnação.

Vale ressaltar que, desde a concepção, o espírito se encontra ligado por um laço fluídico ao novo corpo em formação. Com o aborto, esse laço é rompido violentamente, o que pode causar enorme perturbação ao espírito da criança e gerar, inclusive, o início de um processo obsessivo da criança para com a mãe.

O espiritismo só admite o aborto em uma hipótese: quando o nascimento da criança põe em perigo a vida da mãe. Nesse caso, é preferível sacrificar um ser que ainda não existe no mundo a sacrificar a mãe. Fora dessa situação, o aborto é considerado crime contra a lei de Deus, pois impede o retorno à vida material de um espírito que necessita dessa nova experiência para continuar sua evolução. Até em caso de estupro o espiritismo não aconselha a prática do aborto, afirmando que, mesmo com o sofrimento causado por esse tipo de crime, a criança não pode ser responsabilizada, e, portanto, tem o direito a uma nova existência.

A eutanásia é igualmente condenada pelo espiritismo, sendo também considerada uma transgressão à lei de Deus, pois abrevia o tempo de existência de um espírito e as provas pelas quais ele tem de passar.

Da mesma maneira, o suicídio é um crime contra as leis divinas. Quem o comete acaba ficando preso à mesma existência até o fim do tempo natural que o corpo deveria ficar no planeta ou até que o espírito manifeste arrependimento e disposição a aceitar a ajuda e se redimir. Os suicidas, em geral, chegam à espiritualidade em grande condição de desequilíbrio, ocupando áreas do Umbral e se reunindo em locais como o Vale dos Suicidas, descrito em algumas obras espíritas.

Quando Allan Kardec pergunta aos espíritos se "o homem tem o direito de dispor da sua própria vida" — questão 944 de *O livro dos espíritos* —, os espíritos respondem: "Não, somente Deus tem esse direito. O suicídio voluntário é uma transgressão dessa lei".

Entretanto, não há uma regra geral quanto às consequências para um suicida. Uma das mais recorrentes é a persistência do laço que liga o espírito ao corpo, o que faz o espírito ter a ilusão de que se encontra vivo entre os encarnados – em caso de morte natural, esse laço seria gradualmente enfraquecido até a extinção completa da vida. Em outros casos, a afinidade entre o espírito e o corpo faz o suicida sentir os efeitos da própria decomposição do corpo, a angústia e o horror. Esse estado pode persistir tão longamente quanto tivesse de durar a vida que foi interrompida. Por esse fator, vemos que o argumento espírita contra o suicídio não é apenas moral, mas também racional, pois firma-se no princípio de ligação entre o espírito e o corpo, que não pode ser interrompido antes do momento adequado.

Outros suicidas acabam submetidos à lei de causa e efeito e, em outras encarnações, serão levados a expiar o crime que cometeram contra a sua própria vida.

Segundo o espiritismo, há dois tipos de suicídio: o voluntário e o involuntário. Neste segundo caso, o espírito não se mata diretamente, mas vícios como álcool e outras drogas, excesso de comida e estresse do dia a dia, por exemplo, podem minar pouco a pouco a resistência do corpo físico e fazer um espírito desencarnar antes do tempo previsto, chegando ao outro lado na condição de suicida involuntário.

Longe de criar os seres como simples marionetes, Deus lhes concedeu o livre-arbítrio para que cada um pudesse escolher o caminho que desejasse trilhar durante sua existência. O livre-arbítrio permite que cada um seja senhor do próprio destino. Não existe destino que não possa ser alterado. Qualquer previsão para o futuro pode ser enxergada como uma tendência ou vicissitude pela qual a pessoa irá passar se não mudar seu comportamento atual, mas não como algo imutável, que não possa ser alterado. Sempre é possível escolher um caminho diferente e, assim, mudar de alguma maneira o seu destino. Como ensinado pelo espírito Emmanuel, o mentor de Chico Xavier: "Embora ninguém possa voltar atrás para fazer um novo começo, todo mundo pode começar agora a fazer um novo fim".

CAPÍTULO 5
VIDA APÓS A MORTE

Há muitas moradas na casa de meu pai.

João 14:2

Ao desencarnar, o espírito se liberta do corpo físico (uma verdadeira prisão para ele) e retoma, pouco a pouco, aptidões que tinha anteriormente, como a possibilidade de volitar (como se voasse, em vez de caminhar). Para entender as limitações ao espírito provocadas pelo corpo físico, é só se lembrar das roupas espaciais: elas permitem que os astronautas sobrevivam fora da atmosfera terrestre, mas tornam seus movimentos muito mais lentos e difíceis do que se estivessem na Terra, sem o traje. Porém, um espírito não pode prescindir do corpo físico para habitar o planeta, da mesma maneira que os astronautas necessitam de roupas especiais.

O processo de desencarne é acompanhado por uma equipe de socorro espiritual, que prestará auxílio ao espírito (se ele merecer) e o ajudará no processo de desligamento dos fios tênues que o prendem ao corpo, trazendo, se possível, esclarecimentos sobre sua nova situação e levando-o a uma colônia espiritual, onde receberá os primeiros cuidados. Esse desligamento pode ser feito lentamente ou de maneira brusca, dependendo do tipo de desencarne – por exemplo, por doença ou por acidente com morte imediata.

Quem já acompanhou o processo de desencarne de um parente em um hospital tem conhecimento de um procedimento extremamente comum. Os espíritos iniciam o processo, mas, muitas vezes, os parentes que estão com o doente vibram tão intensamente para que ele continue vivo que acabam dificultando demais o desencarne. Para resolver essa questão, os espíritos fazem o doente ter uma melhora súbita. Nesse momento, os parentes relaxam e retornam aos seus afazeres. Então, na sequência, os espíritos podem retomar o processo de desligamento, e o doente falece em poucas horas.

Nem sempre, porém, os socorristas podem prestar atendimento no processo de desencarne. Espíritos altamente comprometidos, que praticaram o mal durante sua existência, podem ser recepcionados, no momento do desencarne, por inimigos que buscam se vingar ou mesmo por espíritos ainda não evoluídos que entram em contato a fim de levá-los consigo para regiões do Umbral (uma colônia espiritual de transição em que o mal impera, habitada por espíritos que sofrem por conta de atos que praticaram durante a vida). Em alguns casos poderão até tentar escravizá-los, para que façam parte do grupo de espíritos que praticam o mal aos encarnados que se sintonizam com eles.

Existem muitos espíritos que passam tempo demasiado na espiritualidade até se darem conta de que desencarnaram. Alguns deles tentam ficar junto das coisas que tinham na Terra e julgam, por vezes, que enlouqueceram. Esse tormento durará até que tenham consciência de que não pertencem mais à matéria e se livrem do ódio e da maldade que os impedem de receber auxílio.

Quem assistiu ao filme *Ghost – Do outro lado da vida* terá uma visão clara da diferença entre o desencarne de um espírito bom e o de um espírito que praticou o mal em vida. O primeiro terá um processo similar ao do personagem Sam quando vai ao encontro do plano espiritual. Já o segundo terá processo similar ao do assassino de Sam, que, quando desencarna, é recepcionado por seres trevosos. À parte toda a fantasia do cinema, e levando-se em conta somente a essência da cena, é possível ter uma ideia próxima do que acontece.

Não existe uma regra geral para o desencarne, podendo este variar um pouco de espírito para espírito. Desencarnar, porém, não traz ao espírito nenhuma mudança significativa. A vida do outro lado é a continuidade da que ele tinha aqui. Ninguém vira santo depois de desencarnar, tampouco torna-se mau. Os espíritos conservam as características que tinham em vida, e a afinidade e a sintonia determinarão o tipo de companhia que terão do outro lado. Quem pensa o mal ou está em desespero se identifica com espíritos que também pensam o mal. Quem praticou o bem e está tranquilo e sereno se identifica com espíritos que buscam a prática do bem. É simplesmente uma questão de sintonia.

O espiritismo afirma que o céu e o inferno não existem como lugares circunscritos. Allan Kardec, no livro *O céu e o inferno*, diz que o céu, o purgatório e o inferno são, essencialmente, estados de consciência, e não propriamente lugares físicos.

Algumas vezes, por meio de afinidade de pensamentos negativos, espíritos menos evoluídos agrupam-se em determinadas regiões de transição do mundo astral – a principal delas é o Umbral –, dando origem a ambientes desagradáveis nos quais reina o sofrimento. Já espíritos mais evoluídos se agrupam em colônias espirituais nas quais reinam a paz e a harmonia.

Um exemplo de colônia espiritual seria a Nosso Lar, descrita na obra homônima de Francisco Cândido Xavier pelo espírito André Luiz. *Nosso Lar* foi o primeiro livro a apresentar em detalhes o mundo dos espíritos, conhecido também como plano espiritual. A leitura de suas páginas introdutórias já apresenta em detalhes o Umbral e pode trazer certo medo a quem está se iniciando no estudo da vida do outro lado. André Luiz narra que estava em uma região escura, lamacenta, envolvida em uma névoa espessa, e lá foi atormentado por figuras diabólicas com expressões animalescas.

André Luiz é minucioso na descrição do que seria o Umbral, mostrando que ele começa na crosta terrestre, ou seja, é um lugar muito próximo à Terra e a colônias como Nosso Lar. Ao narrar o que motiva alguém a ir para o Umbral após a morte, ele descreve a seguinte situação:

> No Umbral concentram-se almas ignorantes que não são suficientemente perversas para serem enviadas a colônias de reparação mais dolorosas, como as Trevas, nem bastante nobres para serem conduzidas a planos mais elevados. Lá agrupam-se revoltados de toda espécie, como espíritos infelizes, malfeitores e vagabundos de várias categorias. O que rege a sua organização é a lei do "cada um por si", e cada espírito lá permanece pelo tempo que se fizer necessário.

A descrição certamente lembra a do imaginário coletivo do que seria o inferno, apresentado pelas religiões cristãs. Assim, a perturbação provocada por imperfeições, o remorso e a afinidade com coisas ruins levariam um espírito a regiões como a descrita por André Luiz em *Nosso Lar*, batizada de Umbral.

Como lá se encontram espíritos que desencarnaram, mas que continuam muito apegados a coisas materiais, que ainda sentem revolta, que ainda buscam o mal e acabam nessa região por se identificar com o estado mental de quem ali está, o Umbral é o local que concentra boa parte dos espíritos pouco evoluídos.

Muitas vezes, quando alguém desencarna, pode ficar preso, por vontade própria e sem que tenha consciência disso, ao ambiente em que vivia na Terra. É comum espíritos permanecerem nas mesmas casas ou próximos a parentes até conseguirem se desprender do vínculo mental que têm com pessoas, lugares ou coisas a que estavam ligados em vida. Em *Nosso Lar*, por exemplo, o espírito André Luiz conta que perdeu a noção do tempo durante o período em que esteve no Umbral. Pensou se tratar de poucos dias, mas, depois, descobriu que ficara naquela região por aproximadamente oito anos.

Narrou também que podia sentir sua respiração. Tinha medo, fome, sede, frio e fazia suas necessidades fisiológicas da mesma maneira de quando estava encarnado.

Parecia que nada havia mudado com a morte, exceto a paisagem, que agora era aterradora e da qual ele não conseguia fugir. Gritava, chorava e implorava por piedade. Não parava de ver formas diabólicas e expressões animalescas. Os poucos momentos de paz ocorriam quando conseguia dormir, mas logo era acordado por seres monstruosos dos quais precisava fugir.

Certamente a paisagem do Umbral não era nada acolhedora. Além dessa região, *Nosso Lar* também cita rapidamente outro lugar, muito pior, chamado de Trevas. André Luiz explica que não seria uma simples extensão do Umbral, como muitos pensam. Segundo sua explicação, Trevas era a região menos elevada por ele conhecida, um local habitado por espíritos extremamente inferiores, ainda ligados fortemente ao mal e que ali permaneciam isolados dos demais para evitar que cometessem mais atrocidades e contaminassem espíritos que, mesmo no Umbral, ainda tivessem dentro de si a chama do bem.

Essa explicação dá claramente uma noção de quão assustadora seria a região batizada de Trevas, e mostra que os espíritos que lá habitam encontram-se provisoriamente afastados do convívio com outros espíritos que não têm tanto desejo de fazer o mal. Os espíritos que habitam as Trevas seriam muito piores do que os que habitam o Umbral, e sua ida para lá poderia provocar ainda mais sofrimento.

No livro *Libertação*, também ditado por André Luiz a Chico Xavier, o espírito traz mais detalhes sobre essas áreas sombrias, mostrando que regiões como Trevas e Abismo são locais em que espíritos muito endurecidos expiam seus erros, em um cenário aterrador, muito pior do que o do Umbral.

Nosso Lar seria somente mais uma das inúmeras colônias espirituais que recebem os espíritos desencarnados. Porém, ao conhecê-la, é possível ter uma clara noção de como são as demais, respeitando-se somente algumas diferenças e o grau de elevação dos espíritos que lá se encontram, o que interfere em detalhes de sua constituição.

Se o céu e o inferno não existem, tampouco existem anjos e demônios. O espiritismo ensina que Deus – que é soberanamente justo e bom – não poderia ter criado seres destinados a permanecer infinitamente a serviço do mal e, da mesma forma, não poderia ter criado espíritos perfeitos desde o princípio, que não precisassem fazer um esforço para alcançar esse estado. Todos são criados simples e ignorantes, isto é, sem conhecimento do bem e do mal, e, por meio das experiências, adquirem saber e moralidade até atingirem a perfeição.

No espiritismo, o termo "demônio" é usado para denominar os espíritos que não evoluíram moralmente e ainda se comprazem no mal, mas que, um dia, perceberão seus erros. Os anjos, por sua vez, são espíritos puros, que já evoluíram moral e intelectualmente, por meio de esforço próprio, desde a sua criação.

Como já mencionado, o céu e o inferno não existem como locais físicos, como a tradição cristã leva a crer. Céu e inferno são somente estados mentais.

CAPÍTULO 6
DEUS

Deus nos concede, a cada dia, uma página de vida nova no livro do tempo. Aquilo que colocarmos nela, corre por nossa conta.

— Chico Xavier

Deus é descrito pelo espiritismo como eterno, imutável, imaterial, único, todo-poderoso, soberanamente justo e bom, tendo criado todo o universo e os seres materiais e espirituais, e escolhido a espécie humana para a reencarnação dos espíritos que atingiram certo grau de desenvolvimento.

O espiritismo não traz grandes revelações sobre Deus, afirmando que ainda não temos condições de compreendê-lo por conta do nosso baixo grau de evolução. As únicas "informações" sobre Deus relativas ao espiritismo são as trazidas nas obras básicas de Allan Kardec, que assemelham-se às fornecidas por Jesus nos evangelhos, que descrevem Deus como um pai amoroso, único, todo-poderoso, que sempre existiu e que sempre vai existir, e que está sempre observando e auxiliando seus filhos. Essa visão é diferente da apresentada pelo Antigo Testamento, seguida por algumas religiões, em que Deus pune os filhos que não praticarem os preceitos e mandamentos da religião.

No que se refere a Jesus Cristo, o espiritismo o descreve como o espírito mais evoluído já encarnado no planeta, que veio com uma missão em prol da humanidade. Jesus é considerado pelo espiritismo o governador do planeta Terra e o grande exemplo a ser seguido.

CAPÍTULO 7
OS ESPÍRITOS

O corpo existe tão-somente para que o Espírito se manifeste.

— Allan Kardec

Os espíritos são criados por Deus a todo o tempo e são parte de sua obra. Quando encarnados, os espíritos recebem a distinção de "alma". Assim, percebemos que o termo "alma penada" nada significa, ficando limitado à imaginação de quem o criou originalmente. Como visto anteriormente, os espíritos são criados simples e ignorantes. Têm aptidão tanto para o bem quanto para o mal e, pelo livre-arbítrio, terão oportunidade de escolher o caminho a seguir.

Encarnados, os seres são formados pelo corpo material, pelo espírito e por uma interface que dá forma ao espírito, chamada de perispírito, um elemento presente tanto quando o espírito está encarnado como quando está desencarnado.

É o perispírito que dá forma e aparência ao espírito, neste e no outro plano. Quando desencarnados, os espíritos mais evoluídos podem tomar a aparência que mais lhes aprouver, lembrando que, para eles, ela não tem importância se comparada à essência. Já espíritos pouco evoluídos trazem, em geral, marcas no perispírito que mostram as vibrações negativas que possuem e representam a maldade que praticaram quando encarnados. Eles se libertarão dessas marcas somente no momento em que evoluírem, deixando de lado suas inclinações para o mal.

Segundo o espiritismo, a constituição física dos habitantes difere de mundo para mundo, embora a forma corpórea seja a mesma da do homem terrestre, com graus de beleza que variam segundo a condição moral geral de cada planeta. Vale ressaltar que mesmo os mundos afastados do Sol têm outras fontes de luz e calor adequadas à constituição dos seus respectivos habitantes. Falaremos mais sobre os mundos espirituais no Capítulo 10.

Assim como as pessoas são diferentes, os espíritos também o são. Todos eles pertencem a uma classe diferente, sendo divididos de forma ampla em três ordens.

Os mais evoluídos são os espíritos puros. Esses já não recebem nenhuma influência da matéria e são identificados pela superioridade moral e intelectual em relação aos espíritos de outras ordens.

A segunda ordem é formada por espíritos bons, que já possuem a predominância de valores espirituais e o desejo de praticar o bem a todos indistintamente, mas ainda não alcançaram o grau de espírito puro.

Já a terceira ordem é formada pela maioria dos encarnados no planeta. Nesses espíritos ainda predominam a materialidade, a ignorância, o orgulho, o egoísmo e todas as paixões decorrentes dessas imperfeições. Todos os espíritos que se encontram ainda na condição de inferioridade podem evoluir até chegar ao estágio de espírito puro.

Os espíritos só evoluem, nunca regridem, ficando, algumas vezes, estagnados por um tempo, até retomarem o caminho do bem. Assim, constatamos que todos nós evoluiremos, alguns mais rapidamente do que outros. Ninguém escapa da Lei da Evolução. Mesmo os que praticam os crimes mais bárbaros um dia irão evoluir.

CAPÍTULO 8
OBSESSÃO

Os bons espíritos simpatizam com os homens de bem ou suscetíveis de melhorar. Os espíritos inferiores, com os homens viciosos ou que podem viciar-se. Daí seu apego, resultante da semelhança de sensações.

— Allan Kardec

A obsessão é um dos maiores perigos que um ser pode enfrentar, seja no planeta, seja nas esferas espirituais, já que ela pode atingir encarnados e desencarnados. Trata-se do processo em que um espírito envolve outro (que pode estar encarnado ou não) de maneira a gradativamente transformá-lo em uma marionete para satisfazer todas as suas vontades.

Pessoas em processo obsessivo podem ser atendidas em centros espíritas que possuem trabalhos de desobsessão. Nesses trabalhos, médiuns recebem os espíritos que estão obsidiando os encarnados ali presentes, a fim de esclarecer-lhes quanto à necessidade de se afastarem.

Algumas vezes, o processo obsessivo começa por uma simpatia entre o espírito e o encarnado. Isso, porém, é bastante raro. Em geral, o processo é provocado por espíritos que buscam se vingar por algo que viveram junto ao encarnado em outras vidas e, para isso, aproximam-se das pessoas, incutindo lentamente pensamentos que o encarnado começa a tomar como seus.

Pouco a pouco, o controle dos espíritos desencarnados sobre o encarnado aumenta, até o momento que o processo de obsessão já está avançado e o encarnado se torna vítima completa dos espíritos, que podem chegar a, inclusive, induzir a pessoa a cometer suicídio.

Em *O livro dos médiuns,* Allan Kardec esclarece que existem três graus de obsessão. O primeiro deles é a obsessão simples, quando o espírito se aproxima do encarnado e passa a lhe incutir diariamente pensamentos, que começam a se misturar aos seus; ele lentamente passa a ouvir tudo o que o espírito lhe pede para fazer.

Esse estágio pode evoluir para o grau de fascinação. Nele, o encarnado começa a idolatrar o espírito e chega a um estado de sintonia total com ele, seguindo à risca tudo a que é induzido, ludibriado por uma espécie de ilusão produzida pela ação direta do espírito.

O terceiro grau, a subjugação, é o mais perigoso. Nele, o encarnado já perdeu todo o controle e passa a ser dirigido pelo espírito, que comanda tudo o que ele deve dizer ou as ações que deve praticar. Trata-se, portanto, de uma opressão que paralisa a expressão da vontade daquele que dela sofre. O tratamento é muito difícil nesse estágio, pois o encarnado já está de tal maneira envolvido que não se dispõe a receber ajuda, acreditando não necessitar dela.

A subjugação pode ser moral, quando a pessoa é levada a tomar decisões absurdas e comprometedoras, ou corporal, quando o espírito age diretamente sobre o corpo, provocando movimentos involuntários e levando o encarnado a praticar atos considerados ridículos. Muitas vezes, as pessoas acabam internadas em hospitais psiquiátricos. O indivíduo, porém, pode receber auxílio frequentando trabalhos de desobsessão. É importante contar com a ajuda de amigos e parentes para convencê-lo da necessidade de tratamento.

Até aqui, falamos da obsessão que se dá do espírito para o encarnado, o tipo mais comum. Entretanto, a obsessão pode se dar também de encarnado para espírito, e até de encarnado para encarnado.

O segundo caso acontece quando o encarnado não para de pensar em alguém que desencarnou. Esse processo normalmente acontece pela ação de familiares ou amigos, que não param de sofrer e chamar pelo morto. Essas ações acabam prejudicando-o no outro lado, pois receber esses pensamentos pode agravar seu estado de desequilíbrio.

Por fim, também há a obsessão de encarnado para encarnado, em que um indivíduo começa, pouco a pouco, a influenciar outro, influência essa que pode evoluir até o estado de controle total.

A ação dos espíritos se dá somente quando eles se sintonizam com o encarnado; para isso, é necessário que ele esteja na mesma faixa de vibração. A obsessão existe para que os encarnados e os espíritos possam ter sua evolução testada e, principalmente, como um mecanismo para a lei de ação e reação, em que tudo o que é feito em determinado momento gerará consequências positivas ou negativas de acordo com o ato. A obsessão permite que se façam ajustes sempre que necessário, tendo ela, portanto, uma função de reajuste e resgate.

Para evitar a obsessão, o indivíduo deve manter um pensamento firme, focado no bem, e fazer orações, de modo a se conectar a Deus quando sentir certo desequilíbrio.

CAPÍTULO 9
A AFINIDADE NA VISÃO ESPÍRITA

Os estabelecimentos de ensino, propriamente do mundo, podem instruir, mas só o instituto da família pode educar. É por essa razão que a universidade poderá fazer o cidadão, mas somente o lar pode edificar o homem.

— EMMANUEL

O espiritismo explica bem a questão da afinidade quando discute o conceito de almas gêmeas. Decepcionando os apaixonados de todo o mundo, a doutrina afirma que não existem almas gêmeas no sentido em que esse termo é normalmente utilizado. Não há dois espíritos criados especialmente um para o outro. Essa ideia, usada para justificar paixões transitórias, é puramente humana e nada tem a ver com as informações trazidas pelos espíritos. O que pode existir é uma grande afinidade entre duas pessoas, movida, principalmente, pela convivência em diversas existências, o que faz os dois espíritos desejarem estar sempre juntos.

O fato de duas pessoas formarem um casal nesta existência não significa que ficarão juntas ao desencarnarem, pois isso depende de estarem no mesmo grau de evolução moral e afinadas no mesmo objetivo.

Uniões feitas na Terra unicamente por conveniência ou para satisfação de paixões e desejos, em geral, extinguem-se com o desencarne de um dos cônjuges, e cada espírito toma seu caminho — que, em geral, é separado do caminho do outro.

Nem todos os espíritos que constituem família no planeta Terra nutrem um amor fraternal na espiritualidade. Diferentes motivos fazem com que as pessoas decidam se casar e, algumas vezes, esses casamentos, que não são fruto de grande afinidade, acabam tendo como desfecho a separação. Em relação a este assunto, o espiritismo não prega o sofrimento. Segundo a religião, a união de duas pessoas é um ato de responsabilidade mútua e não se faz apologia ao divórcio. Mas, por outro lado, não obriga que duas pessoas que não têm como continuar juntas mantenham-se casadas, deixando claro, entretanto, que cada uma responderá por seus atos perante a sua consciência. O espiritismo prega que as separações são contrárias à lei de Deus somente se causadas por interesses circunstanciais e materiais, mas naturais caso possam evitar males maiores.

CAPÍTULO 10
MUNDOS ESPIRITUAIS

Não se turbe o vosso coração; credes em Deus, crede também em mim. Há muitas moradas na casa de meu Pai; se assim não fosse, já eu vo-lo teria dito, pois me vou para vos preparar o lugar. Depois que me tenha ido e que vos houver preparado o lugar, voltarei e vos retirarei para mim, a fim de que onde eu estiver, também vós aí estejais.

João 14:1-3

O espiritismo ensina que existem diferentes mundos habitados. Em cada um deles, os indivíduos encarnados reúnem-se de acordo com seu grau de evolução. Assim, existem mundos muitos avançados, e outros, inferiores. Os mundos nos quais um espírito pode reencarnar são classificados da seguinte maneira pelo espiritismo:

- **Mundos primitivos:** locais das primeiras encarnações da alma. Neles, os espíritos ainda são inferiores aos que habitam o nosso planeta e apresentam forte instinto animal.
- **Mundos de expiação e provas:** são mundos nos quais o mal ainda domina, mesmo havendo espíritos bons encarnados. Esse é o estágio atual do planeta Terra.
- **Mundos de regeneração:** neles, as almas ainda têm o que expiar, mas já estão totalmente comprometidas com a sua evolução e o bem impera.
- **Mundos ditosos:** há predomínio total do bem. Os espíritos já estão desapegados de qualquer tipo de paixão.
- **Mundos celestes ou divinos:** só vivem nesses mundos os espíritos evoluídos. Neles, reina exclusivamente o bem.

Segundo o espiritismo, a Terra é um planeta ainda de provas e expiações, onde convivem, nem sempre em harmonia, espíritos bons e espíritos maus, que juntos têm a oportunidade de aprender e evoluir com essa convivência.

O planeta, porém, está passando por uma transição e, em breve, será classificado como de regeneração. Quando isso acontecer, só encarnarão aqui espíritos que estiverem em uma melhor condição de evolução, adequada e sintonizada com a nova realidade do planeta.

Esse cenário de mudança é apresentado aos espíritas em *A gênese*, obra escrita por Allan Kardec. Longe de prever catástrofes ou cataclismos, Kardec afirma que a evolução do planeta será gradativa e que nele só terão lugar os encarnados que se predispuserem a colocar em prática os ensinamentos deixados por Jesus há mais de 2 mil anos.

O espiritismo afirma que o planeta também é regido pela Lei do Progresso, o que indica que ele deve progredir, fisicamente, pela transformação dos elementos que o compõem e, moralmente, pela depuração dos espíritos encarnados e desencarnados que o povoam. Fisicamente, a Terra tem experimentado transformações que a ciência comprova e que a tornarão habitada por seres cada vez mais aperfeiçoados. Moralmente, a humanidade progredirá pelo desenvolvimento da inteligência, do senso moral e do abrandamento dos costumes.

As instruções dadas pelo espiritismo revelam que esse progresso ocorre de duas maneiras: uma é lenta, gradual e quase imperceptível; a outra é caracterizada por mudanças bruscas. A cada uma delas corresponde um movimento ascensional mais rápido, que assinala, mediante impressões bem acentuadas, os períodos de progresso da humanidade.

O espiritismo afirma que já está se processando um movimento universal direcionado ao progresso moral da humanidade, que fará com que os indivíduos da próxima geração tenham ideias e sentimentos distintos dos da geração presente, tornando-se muito mais espiritualizados.

No momento, é fácil identificar sinais claros desse período de transição. Por um lado, há uma enorme diversidade de instituições de auxílio, com milhares de voluntários engajados em trabalhos assistenciais; por outro, há, no mesmo planeta, pessoas que só pensam em realizar o mal, capazes de praticar os crimes mais bárbaros.

Segundo o espiritismo, só os espíritos que se voltarem para a prática do bem continuarão reencarnando na Terra. Aqueles ainda apegados às suas individualidades serão enviados a encarnar em planetas menos evoluídos, condizentes com seu estágio.

CAPÍTULO 11
AÇÃO E REAÇÃO

O homem caminha em meio a suas próprias obras, portanto, se o caminho se encontra áspero, não adianta reclamar a Deus.

— Chico Xavier

Nas comunicações feitas a Allan Kardec, os espíritos qualificaram o espiritismo como o "Consolador prometido". Isso se deve ao fato de o espiritismo trazer respostas às dúvidas existenciais dos encarnados e, especialmente, reafirmar a infalibilidade da justiça divina.

Segundo o espiritismo, toda ação gera uma reação. Assim, aquele que praticou um crime hediondo, ou que simplesmente prejudicou ou humilhou alguém, passará, em determinado momento, por uma situação parecida como vítima, para que possa aprender que aquele comportamento é errado.

Entretanto, longe de ser uma religião que apresenta Deus como um implacável perseguidor, que pune todos que fizeram algo errado ou infringiram suas leis, o espiritismo apresenta um Deus amoroso e justo – conforme é enfatizado pelos espíritos a todo tempo. Assim, a lei de ação e reação tem como objetivo ser um importante instrumento de aprendizado e evolução, deixando claro que, mesmo que alguém pratique um crime e fique impune às leis do homem, não passará despercebido pelas leis divinas.

Os atos praticados pelos espíritos enquanto encarnados deixam marcas no perispírito, que, como já foi mencionado, é a interface que sempre acompanha o espírito, esteja ele encarnado ou desencarnado. Assim, o encarnado carrega certas marcas em seu perispírito que indicam as vezes em que infringiu as leis divinas, praticando o mal tanto para consigo como para com seus semelhantes.

À medida que o espírito vai evoluindo e se depurando, essas marcas vão desaparecendo, pois já não são necessárias. Assim, percebemos que aquele que praticou algo não necessariamente o receberá na mesma moeda. Por exemplo, alguém que assassinou uma pessoa em outra encarnação não necessariamente terá que ser assassinado na encarnação atual. O objetivo é o aprendizado, não a punição. Portanto, se o espírito já compreendeu que aquilo que fez é errado e mostrar arrependimento sincero, não terá que passar por situação semelhante, minimizando-se assim o sofrimento. Uma tradicional história contada em centros espíritas é a do homem que veio com a expiação de perder um braço durante sua existência física, mas, devido ao seu comportamento caridoso para com todos, acabou perdendo somente um dedo.

O espiritismo revela que todos estão submetidos à lei de causa e efeito. Assim, segundo a religião, as deficiências apresentadas nesta encarnação são consequência de atos praticados em outras existências. Como a reencarnação é o processo pelo qual o espírito se aperfeiçoa, é necessário, em determinados pontos, reparar os delitos cometidos no passado. Assim, a causa das deficiências está diretamente ligada ao espírito, que tenta reequilibrar as próprias energias, buscando em uma vida física limitada a harmonia que lhe falta.

Como vemos, não há injustiça. Ninguém passa por algo sem merecer. Essa certeza traz a todos o consolo necessário para superar as adversidades que a vida impõe.

APÊNDICE 1
ALGUNS EPISÓDIOS MARCANTES DA HISTÓRIA DO ESPIRITISMO

As irmãs Fox

Em 1837, nasce nos Estados Unidos a jovem Katherine Fox, que viveria até 1892 e seria considerada uma das maiores médiuns de efeitos físicos da história. Sua irmã Margaret Fox, nascida em 1833, batizada em homenagem à mãe, morreu um ano depois de Katherine. Juntas, elas ficaram mundialmente conhecidas como as irmãs Fox, influenciando diretamente a propagação dos fenômenos espirituais no mundo todo.

O início de tudo se deu em 1848, quando Kate e Maggie, como eram conhecidas, mudaram-se com os pais, John e Margaret, para uma casa nova na pequena cidade de Hydesville, Nova York, e passaram a ouvir diariamente ruídos de batidas nas paredes e portas.

Os barulhos assustaram muito os novos moradores, que, em vão, passaram a procurar a origem das pancadas que ouviam. Sem sucesso na busca, concluíram que a casa estava "mal-assombrada".

Em 31 de março de 1848, porém, as meninas resolveram imitar os barulhos que ouviam estalando os dedos. Imbuída por um impulso infantil, Kate, a mais nova delas, começou a pedir para quem estivesse fazendo aqueles ruídos que imitasse o barulho que ela fazia com os dedos. A surpresa foi grande quando as meninas e os pais, que acompanhavam aquela cena única, perceberam que as batidas seguiam exatamente o som produzido por Kate.

Entusiasmada com o que estava acontecendo, sua irmã Maggie começou a bater palmas e pediu que contassem até quatro. O pedido foi seguido de quatro batidas.

Em um primeiro momento, os moradores acharam que se tratava de alguém, escondido, que desejava pregar uma peça. Mesmo assim, continuaram com a "brincadeira". A mãe das meninas, então, começou a fazer perguntas que pudessem desmascarar alguém que estivesse escondido, pois certamente não saberia as respostas.

Ela começou perguntando a idade de cada uma de suas crianças, incluindo a de uma filha que havia morrido anos antes. As batidas se seguiram em um ritmo que indicava a idade de cada um dos filhos. Então, Margaret resolveu questionar se quem estava ali era um humano ou um espírito, convencionando-se uma batida para um humano e duas batidas para um espírito. A pergunta foi seguida pelo som de duas batidas.

Completamente envolvidos pela situação, os habitantes da casa perguntaram se o espírito que ali estava havia sido assassinado, convencionando-se novamente uma batida para não e duas para sim. Ouviram-se duas batidas.

Imbuída de espírito investigativo, a mãe das meninas questionou se o assassino ainda vivia e ouviu as mesmas duas batidas.

O interrogatório levou a família a descobrir, entre outras coisas, que o espírito havia sido assassinado naquela casa, deixando esposa e cinco filhos, e que seu corpo estava enterrado na adega.

De posse de tais informações, Margaret questionou se poderia convidar os vizinhos a participar da conversa, para que pudessem presenciar o que estava acontecendo na casa. A resposta foi afirmativa. Na presença dos vizinhos, novas informações sobre o caso foram obtidas, chegando-se à data do acontecimento e ao relato de que o homem fora assassinado com facadas no pescoço por causa de uma dívida de 500 dólares. Na noite seguinte, seu corpo foi enterrado na adega do porão.

Em uma pequena cidade como Hydesville, não é de se estranhar que o fenômeno tenha se espalhado e atraído a curiosidade de todos, fazendo com que as sessões de interrogatório fossem acompanhadas por até trezentas pessoas em certo momento. A cada sessão, o método de investigação ia sendo aprimorado e logo foi criado um código para as respostas, em que cada pancada corresponderia a uma letra específica. Assim, não foi difícil identificar o caixeiro-viajante Charles B. Rosma como o espírito assassinado aos 31 anos por conta da dívida.

Seguindo o relato do espírito, no verão de 1848, após uma série de escavações na adega, David Fox, irmão das meninas, encontrou ossos e cabelos que pertenciam a um esqueleto humano.

Entretanto, somente 56 anos depois haveria a descoberta que comprovou definitivamente que alguém fora enterrado no porão da casa da família Fox. O encontro da prova foi narrado na edição de 23 de novembro de 1904 do *The Boston Journal*, um jornal sem nenhuma ligação com o espiritismo ou com correntes espiritualistas, que estampou em suas páginas a seguinte notícia:

> Rochester, Nova York, 22 de novembro de 1904. Foi encontrado, nas paredes da casa antes ocupada pelas irmãs Fox, o esqueleto do homem provavelmente causador das batidas que elas ouviram inicialmente em 1848, afastando, de vez, a única sombra de dúvida de sua sinceridade em relação à descoberta da comunicação dos espíritos. As irmãs declararam haver aprendido a se comunicar com o espírito de um homem que dizia ter sido enterrado no porão da casa. Repetidas escavações, buscando localizar o corpo e, assim, dar prova positiva de suas narrativas, fracassaram. A descoberta foi feita por crianças da escola, brincando no porão do edifício conhecido como "a casa assombrada", em Hydesville, onde as irmãs Fox ouviram as batidas. William Hyde, conceituado cidadão de

Clyde, proprietário da casa, procedeu à investigação, encontrando, entre a terra e os escombros das paredes do porão, um esqueleto humano quase completo. Era indubitavelmente o do mascate andarilho, que, como se afirmou, havia sido assassinado no aposento leste da casa, e cujo corpo fora escondido no porão. O senhor Hyde avisou aos parentes das irmãs Fox, e a notícia da descoberta foi enviada à Ordem Nacional dos Espiritualistas. Muitos de seus membros recordam-se de terem feito peregrinações à casa mal-assombrada. A descoberta dos ossos é a confirmação prática da declaração, sob juramento, de Margaret Fox, feita em 11 de abril de 1848.

Pouco tempo depois do episódio das comunicações recebidas na casa, as garotas foram afastadas. Margaret foi morar com o irmão David, e Kate, com a irmã Leah. A família imaginava que, separadas, elas não mais protagonizariam fenômenos. Os sons, porém, repetiram-se nas casas de David e de Leah, sendo que a segunda passou também a manifestar fenômenos mediúnicos.

Pelos anos seguintes, as irmãs viajaram pelos Estados Unidos, realizando sessões de fenômenos físicos em que não se produziam somente sons de batidas, mas nas quais havia também aparição de luzes, manifestação de diferentes formas materializadas e escrita direta sobre objetos, entre outros. Suas apresentações despertavam a curiosidade de milhares de pessoas, tanto entusiastas como críticos, que tentavam a todo momento desmascará--las, sem, no entanto, obterem sucesso, dado que todos os testes para comprovar a fraude falharam.

Toda a atenção colocada sobre as irmãs desde sua infância, porém, teve consequências sobre sua vida pessoal, que foi muito atribulada e marcada por escândalos, incluindo desentendimentos em família. A irmã mais velha da dupla as acusou de alcoolismo, fazendo com que Kate perdesse a guarda dos filhos.

Em resposta, as irmãs acusaram a mais velha de manipular os fenômenos espirituais. Não bastasse isso, ainda aceitaram 1500 dólares de um jornalista para confessar que inventaram os fenômenos.

Um ano após a confissão, as irmãs voltaram atrás em entrevista ao *The New York Herald*, dizendo que mentiram sobre a irmã mais velha e sobre a pretensa fraude nos fenômenos porque haviam recebido em troca a soma em dinheiro que as ajudara em um momento de grande necessidade financeira.

Mesmo com esse e outros escândalos de que foram protagonistas, o legado deixado pelo trabalho das irmãs Fox marcaria para sempre a história dos fenômenos espirituais. Elas representam o ponto de partida para milhares de fenômenos físicos que se desencadearam pelos Estados Unidos e que se estenderiam por toda a Europa, onde Allan Kardec se converteu em um observador especial, dando a eles um novo e profundo significado.

As mesas girantes

Em meados do século XIX, era moda na Europa, especialmente na França, uma "brincadeira" que havia surgido nos Estados Unidos alguns anos antes. Em grandes salões, nobres e intelectuais se reuniam em volta de mesas e assistiam ao seu movimento sem que nenhuma força motora o tivesse motivado, o que causava espanto e, ao mesmo tempo, grande entretenimento para as plateias – cada vez maiores nesses cada vez mais frequentes eventos sociais.

Nessas sessões, que duravam horas, os participantes formavam uma corrente ao juntar os dedos e faziam perguntas das mais diversas, quase sempre bastante fúteis, e as mesas respondiam com batidas e movimentos, de maneira semelhante às pancadas escutadas pelas irmãs Fox em Hydesville, pouco tempo antes.

Não demorou muito para essa novidade chegar ao conhecimento do curioso professor Hippolyte Léon Denizard Rivail. Ele ouviu falar mais detalhadamente sobre as mesas girantes em 1854, em uma das sessões de estudo sobre o magnetismo que frequentava há anos em companhia do amigo Fortier, que assim se exprimiu sobre o fenômeno: "Eis aqui uma coisa que é bem mais extraordinária: não somente se faz girar uma mesa, magnetizando-a, mas também se pode fazê-la falar. Interroga-se, e ela responde".

Ao ouvir essas palavras, o professor Rivail fica ainda mais curioso, pois supunha que o fenômeno fosse simplesmente a consequência da ação do fluido magnético, um tipo de eletricidade que fazia os corpos inertes se movimentarem. *Mas daí a responder perguntas de maneira inteligente era um longo caminho.* Ele reflete: "Isso é outra questão; eu acreditarei quando vir e quando me tiverem provado que uma mesa tem cérebro para pensar, nervos para sentir, e que se pode tornar sonâmbula. Até lá, permita-me que não veja nisso senão uma fábula para provocar o sono".

Este era e sempre foi o seu estado de espírito. Queria ver para crer, nada negava, mas também não acreditava sem que lhe fossem apresentadas provas cabais. A convite do amigo, o educador começa a assistir a sessões de mesas girantes e, logo no início, surpreende-se muito com o que estava acontecendo. Sua visão de pesquisador e cientista adepto da corrente da fenomenologia o fez deixar de lado o efeito produzido, que era a movimentação das mesas, para se concentrar na causa do fenômeno, partindo das premissas de que era um efeito coordenado, que demandava inteligência de quem o gerava e que todo efeito inteligente tem, necessariamente, uma causa. Assim, ele decide focar suas pesquisas na causa do efeito.

Essas observâncias, porém, o fazem encontrar algo que nem remotamente poderia imaginar. Nessa época de sua vida, de 1854 a 1856, um novo horizonte se apresenta, e o nome Hippolyte Léon Denizard Rivail sai de cena para ceder lugar ao de Allan Kardec, cuja fama chegou aos quatro cantos do mundo. Ele revelou da seguinte maneira suas impressões:

> Eu me encontrava, pois, no ciclo de um fato inexplicado, contrário, na aparência, às leis da Natureza e que minha razão repelia. Nada tinha ainda visto nem observado; as experiências feitas em presença de pessoas honradas e dignas de fé me firmavam na possibilidade do efeito puramente material; mas a ideia de uma mesa falante não me entrava ainda no cérebro [...] Foi aí, pela primeira vez, que testemunhei o fenômeno das mesas girantes que saltavam e corriam, e isso em condições tais que a dúvida não era possível. Aí vi também alguns ensaios muito imperfeitos de escrita mediúnica com o auxílio de uma cesta. Minhas ideias estavam longe de se haver modificado, mas naquilo havia um fato que devia ter uma causa. Entrevi, sob essas

aparentes futilidades e espécie de divertimento, que ali se fazia alguma coisa séria e que estava presenciando a revelação de uma nova lei, em que me prometi aprofundar. A ocasião se me ofereceu, e pude observar mais atentamente do que tinha podido fazer. Em um dos serões da senhora Plainemaison, fiz conhecimento com a família Baudin, que se ofereceu para me permitir assistir às sessões que se efetuavam em sua casa, e às quais eu fui, desde esse momento, muito assíduo. Foi aí que fiz os meus primeiros estudos sérios sobre o espiritismo, menos ainda por efeito de revelações que por observação. Apliquei a essa nova ciência, como até então o tinha feito, o método da experimentação; nunca formulei teorias preconcebidas, observava atentamente, comparava, deduzia as consequências; dos efeitos procurava remontar às causas pela dedução, pelo encadeamento lógico dos fatos, não admitindo como válida uma explicação, senão quando ela podia resolver todas as dificuldades da questão.

Assim, Rivail foi um dos primeiros pesquisadores a estudar em detalhes os fenômenos ditos sobrenaturais batizados de "mesas girantes". O resultado dessa pesquisa levou-o ao conhecimento de algo que jamais poderia supor, algo totalmente diferente do que sua visão de cientista esperava encontrar.

Em pouco tempo, ele nota como se dá a atuação dos espíritos e dos médiuns naquele fenômeno, e começa a desenvolver um trabalho metódico envolvendo a recepção de comunicações por diversos médiuns em diferentes locais. Assim, pôde testemunhar que o método de comunicação ia se aperfeiçoando, passando das batidas iniciais para uma bola suspensa por um fio, depois para uma cesta com um lápis na ponta que se move rudimentarmente sobre letras e números espalhados pela mesa, até chegar aos métodos atuais, com modalidades como a psicografia, em que o médium reproduz a comunicação segurando e movendo um lápis sobre uma folha, ou a psicofonia, em que o médium usa a fala para transmitir o que o espírito lhe intui.

Estava pavimentado o caminho para o surgimento do espiritismo.

Daniel Dunglas Home

Mesmo destacando o caráter filosófico e religioso do espiritismo, Allan Kardec não deixou de estudar os fenômenos de efeitos físicos, sempre buscando avaliar sua autenticidade. Afinal, os fenômenos de efeitos físicos são a força impulsionadora para que as pessoas busquem conhecer o espiritismo.

Um dos médiuns que despertaram especial atenção do Codificador, como Kardec é conhecido, foi o célebre Daniel Dunglas Home, que nasceu em 15 de março de 1833 em Edimburgo, na Escócia, e viveu até os 53 anos, vindo a falecer em Paris, em 21 de junho de 1886.

Dunglas Home, o poderoso médium de efeitos físicos, ficou mundialmente conhecido por, dentre outros feitos, levitar em locais abertos com a presença de grandes plateias, que assistiam ao fenômeno com um misto de espanto, surpresa e medo. Também conhecido pela alcunha de "médium voador", Home foi tema de três grandes artigos escritos por Allan Kardec para a *Revue Spirite*, a revista espírita francesa, durante o ano de 1858, o que fez com que o próprio Kardec se tornasse, involuntariamente, um dos principais biógrafos do médium.

Sua faculdade mediúnica se revelou desde cedo. Com apenas seis meses de idade, seu berço se balançava inteiramente sozinho e mudava de lugar. Na infância, conseguia involuntariamente mover todos os brinquedos até que estivessem ao seu alcance, e suas primeiras visões ocorreram quando tinha apenas três anos.

Aos nove anos, sua família se mudou para os Estados Unidos, e os fenômenos continuaram ocorrendo, de maneira cada vez mais intensa. Tornou-se célebre a partir dos anos 1850, um período em que a popularidade dos fenômenos físicos produzidos por médiuns se alastrava pela América do Norte, na esteira das irmãs Fox.

Em 1854, mudou-se para a Itália por orientação médica, em decorrência de sua necessidade de respirar um ar mais puro por conta da tuberculose que o acompanhava há anos. Residiu depois em Londres e, por fim, em Paris, onde fez diversas apresentações para o grande público. Tornou-se alvo de intensas críticas da imprensa da época, que, por muitas vezes, tentou desmascará-lo, buscando provar que os fenômenos que produzia se tratavam de fraude.

Desde o início, Allan Kardec não concordou com a perseguição imposta ao médium e se colocou a destacar na *Revue Spirite* especialmente o fato de Dunglas Home nunca ter cobrado pelas apresentações, fazendo-as como missionário que buscava comprovar a vida após a morte. Sem esconder sua admiração pelo médium, Kardec o descrevia como:

> [...] descendente da antiga e nobre família dos Dunglas da Escócia, outrora soberana. É um jovem de talhe mediano, louro, cuja fisionomia melancólica nada tem de excêntrica; é de compleição muito delicada, de costumes simples e suaves, de um caráter afável e benevolente sobre o qual o contato das grandezas não lançou nem arrogância, nem ostentação. Dotado de uma excessiva modéstia, jamais exibiu sua maravilhosa faculdade, jamais falou de si mesmo e, se na expansão da intimidade conta coisas que lhe são pessoais, é com simplicidade, e jamais com a ênfase própria das pessoas com as quais a maledicência procura compará-lo. Vários fatos íntimos, que são do nosso conhecimento pessoal, provam nele nobres sentimentos e uma grande elevação de alma. Nós

o constatamos com tanto maior prazer quanto se conhece a influência das disposições morais.

Segundo Kardec, a ida de Dunglas Home para a França fora providencial, pois os franceses ainda duvidavam das manifestações físicas e tinham necessidade de presenciar grandes fenômenos, como os protagonizados por ele. Assim, o Codificador destacou que a presença do médium em Paris foi um poderoso evento para a propagação das ideias espíritas, reafirmando que, se não convenceu a todos, lançou sementes que frutificariam com o tempo. Além disso, o Codificador tratou sempre de defendê-lo contra opositores.

O senhor Home, vindo à França, não se dirigiu ao público; ele não ama nem procura a publicidade. Se tivesse vindo com objetivo de especulação, teria corrido o país solicitando a propaganda em sua ajuda, teria procurado todas as ocasiões de se promover, ao passo que as evita, e teria posto um preço às suas manifestações, ao passo que ele não pede nada a ninguém. Malgrado a sua reputação, o senhor Home não é, pois, o que se pode chamar um homem público; sua vida privada só pertence a ele. Do momento que nada pede, ninguém tem o direito de inquirir como vive, sem cometer uma indiscrição. É sustentado por pessoas poderosas? Isso não nos diz respeito; tudo o que podemos dizer é que, nessa sociedade de elite, conquistou simpatias reais e fez amigos devotados. Assim, não vemos no senhor Home senão uma coisa: um homem dotado de uma faculdade notável, e o estudo dessa faculdade é tudo o que nos interessa, e o que deve interessar a quem não esteja movido unicamente pelo sentimento da curiosidade.

Sob a influência de Home, médium de fenômenos físicos, produziam-se os mais estranhos ruídos, o ar se agitava, corpos sólidos se erguiam e moviam de um lugar a outro, instrumentos musicais produziam sons, seres do mundo extracorpóreo apareciam, falavam, escreviam e até abraçavam quem estivesse nas imediações. Ele mesmo foi visto inúmeras vezes, na presença de testemunhas oculares, elevado sem sustentação a vários metros de altura.

Home casou-se duas vezes. A primeira delas, em 1858, com Alexandria de Kroll, menina de 17 anos vinda de uma família nobre russa, com quem teve um filho. Após ficar viúvo (apenas quatro anos depois do casamento), casou-se pela segunda vez, agora com Julie de Gloumeline, uma rica senhora russa.

Era constantemente envolvido em escândalos públicos por seus opositores – que, se não conseguiam provar que os fenômenos que produzia eram meras mistificações, tentavam a todo custo ridicularizá-lo. Por vezes, viu-se em situações difíceis, como quando foi condenado a devolver 60 mil libras que a senhora Lyon havia lhe concedido em 1866. Arrependida de tal ato, a senhora Lyon buscou na Justiça o ressarcimento da dívida, acusando-o de seduzi--la e de convencê-la a lhe dar o dinheiro por meio de seus poderes espirituais. Como, na Justiça britânica de então, o réu era o responsável por provar a própria inocência – e não havia como produzir evidências que a provassem –, Home foi condenado e devolveu o dinheiro, não sem antes ver sua imagem aviltada pela imprensa graças ao episódio. Seus amigos da alta sociedade, porém, permaneceram ao seu lado durante e após o julgamento. Entre eles, estavam a rainha Sofia, da Holanda, e Napoleão III, que também admirava Allan Kardec e já o tinha encontrado em diversas oportunidades.

O processo dos espíritos

Depois da morte de Allan Kardec, a perseguição ao espiritismo parecia só aumentar. Autoridades, veículos de comunicação, religiosos, todos pareciam ter elegido o espiritismo o inimigo número um e buscavam, em vão, comprovar que se tratava de um engodo cuidadosamente preparado por Allan Kardec para ludibriar e enganar, rendendo-lhe, em troca, grandes proventos materiais.

Nada chegou tão longe, porém, quanto o processo que ficou conhecido como "*procès des spirites*" — "processo dos espíritos", em português —, um processo judicial que teve grande repercussão e foi instaurado em 16 de junho de 1875, tendo como réus o então diretor da *Revue Spirite*, Pierre Gaetan Leymarie, que havia sucedido Allan Kardec na direção da revista, Alfred Henri

Firman, médium de efeitos físicos, e Édouard Buguet, fotógrafo e médium.

No processo, os três foram acusados de publicar na revista, em 1874 (cinco anos após o desencarne de Allan Kardec), diversas fotografias fraudulentas de espíritos desencarnados.

As fotografias mostravam poses de pessoas encarnadas acompanhadas, ao fundo, pela imagem ou o vulto de um desencarnado que lhe fora próximo em vida. Nem Amélie-Gabrielle Boudet, viúva de Allan Kardec, escapou das fotos, aparecendo ao lado da imagem do espírito do Codificador.

Nessa época, a produção de fotografias em que espíritos, capturados pela lente da câmera mediante processo de evocação, apareciam junto a encarnados era bastante comum nos Estados Unidos. Na Europa, em especial na Inglaterra, a prática também se alastrava. A comercialização desse tipo de fotografia, então, começou a ser feita não só para veículos de mídia, mas também para pessoas que desejassem ter a "foto de um espírito". Tratava-se de uma prática que fora amplamente combatida por Allan

Kardec enquanto encarnado, como no caso dos célebres irmãos Davenport, que cobravam por suas aparições e, por isso, não tiveram permissão de Allan Kardec para divulgar os seus prodígios na *Revue Spirite.*

Como os assinantes da revista começaram a pedir que o periódico publicasse esse tipo de foto, Leymarie começou a trazer algumas fotos dos Estados Unidos para presentear assinantes. Entretanto, em decorrência do custo (que julgava elevado), resolveu começar a reproduzir as fotografias na França juntamente a um fotógrafo especialista, tendo sempre o cuidado de escrever no verso "reprodução de fotografias americanas", para indicar que se tratava apenas de uma cópia das fotografias originais.

Ao ficar sabendo do trabalho do fotógrafo Édouard Buguet, que, supostamente, fazia esse tipo de registros usando sua mediunidade, Leymarie resolveu investigar o assunto e contatar o "médium fotógrafo". Após realizar suas pesquisas, tendo tido o cuidado de consultar diversos especialistas que acompanharam os experimentos fotográficos e já convencido da autenticidade do fenômeno, o editor resolveu publicar as fotos na *Revue Spirite*, em janeiro de

1874, juntamente a um extenso artigo que contava o método de trabalho do fotógrafo em seu estúdio e dando testemunho de que o fenômeno era autêntico.

De nada adiantaram as justificativas, porém. Após denúncia do Ministério Público, um processo foi aberto e conduzido, na sequência, a um julgamento. Na audiência, o juiz Millet, que já tinha se decidido sobre a sentença de Leymarie antes mesmo de o julgamento começar, promoveu uma verdadeira caça às bruxas contra o espiritismo. No total, foram ouvidas 55 testemunhas, incluindo a própria Amélie, esposa de Kardec, que, em depoimento, deu a seguinte declaração sobre a fotografia em que aparecia junto à imagem do seu marido desencarnado:

> Declaro que terça-feira, 12 de maio de 1874, fui à casa do senhor Buguet em companhia da senhora Bosc e do senhor Leymarie, e que a ninguém revelei quem desejava evocar. O senhor Buguet, a despeito de estar doente, concordou em comparecer, apoiado em uma bengala, à sala das tomadas fotográficas. Estendido sobre uma cadeira, ele sofria

atrozmente, mas ajudou nos preparativos que foram feitos pelo senhor Leymarie e pelo operador. Obtive, na mesma chapa, duas provas, sobre as quais atrás de mim, meu bem--amado companheiro Allan Kardec era visto nas seguintes posições: na primeira prova ele sustenta uma coroa sobre minha cabeça. Na segunda, ele mostra um quadro branco, com alguns milímetros de largura, no qual estão escritas, com letras somente legíveis sob uma lente poderosa ou um microscópio, as seguintes palavras: "Obrigado, querida esposa. Obrigado, Leymarie. Coragem, Buguet". Infelizmente, o senhor Buguet prolongou por alguns segundos a exposição e o rosto de meu marido não aparece tão nítido como eu desejava. Agradeçamos a Deus este consolo de poder obter os traços de uma pessoa amada e de obter a escrita direta.

O juiz, entretanto, queria realmente constranger a todos, especialmente a viúva de Allan Kardec. Por isso, colocou-se a fazer diversas perguntas, muitas delas de maneira bastante desrespeitosa, em especial por Amélie já ser uma senhora de mais de 80 anos na época.

Primeiramente, o juiz a acusa de falso testemunho, pois, segundo ele, a letra do texto que aparecia na foto não era de Allan Kardec, como afirmara Amélie, mas, sim, da secretária de Buguet, a senhorita Ménessier. Segundo o juiz, teria sido ela a responsável por escrever o texto, conforme havia admitido no interrogatório.

- A letra é do meu marido - insiste Amélie.
- Será que, diante dessa declaração, a madame ainda acredita que Buguet seja médium?
- Como não? Há duzentas cartas vindas do interior afirmando tais fatos. Se fosse apenas uma pessoa, o senhor poderia ter razão, mas, quando há centenas delas afirmando o mesmo fato, a questão é outra. Talvez a senhorita Ménessier não esteja dizendo a verdade.
- Quando o senhor Rivail tomou o nome de Allan Kardec e quando publicou *O livro dos espíritos*? Onde foi que ele arranjou esse nome? No *Grand Grimoire* [livro de feitiços e de magia negra]?
- Não sei o que o senhor deseja com essas perguntas.

– Conhecemos as origens dos livros do seu marido. Ele os retirou principalmente do *Grand Grimoire* de 1522, do livro de Albert.

– Todos os livros do meu marido foram criados por ele, com a ajuda dos médiuns e das evocações. Nada sei desses livros que o senhor acaba de citar. Acho que não se deveria brincar com essas coisas. Não é próprio rir-se de coisas semelhantes.

– Não gostamos de pessoas que tomam nomes que não lhes pertencem, de escritores que pilham obras antigas, que enganam o público.

– Todos os literatos adotam pseudônimos. Meu marido jamais pilhou coisa alguma.

– Ele é um compilador, não um literato. É um homem que praticava magia negra ou branca. Vá sentar-se.

Assim terminou de maneira melancólica o depoimento vexatório ao qual Amélie foi submetida durante o julgamento, que prosseguiu sempre com a mesma parcialidade contra o espiritismo. Mesmo com o depoimento de dezenas de testemunhas, que afirmaram ter reconhecido espíritos de mortos nas fotografias, apesar de o médium fotógrafo ter confessado que somente dois terços das fotografias eram verídicas, pois as demais foram forjadas para que ele não perdesse o valor que receberia pelo serviço, e a despeito de o senhor Leymaire ter acreditado que todas as fotografias fossem verdadeiras, o juiz proferiu a sentença condenatória de um ano de prisão e pagamento de uma multa de 500 francos para Leymarie e para Buguet. O jovem Firman foi inocentado por servir apenas de médium nas sessões – portanto, não teria como participar ativamente do engodo.

Leymarie cumpriu sua sentença e recebeu solidariedade de adeptos do espiritismo de todos os cantos do planeta. Sua principal defensora foi sua esposa, Marina Leymarie, que escreveu a obra *Procès des Spirites*, na qual relata todo o processo de investigação e condenação de seu marido. Ela o sucedeu na direção da revista e da livraria após o seu desencarne, em 10 de abril de 1901.

APÊNDICE 2
A COLÔNIA ESPIRITUAL NOSSO LAR

A colônia espiritual Nosso Lar foi fundada no século XVI por portugueses que haviam desencarnado no Brasil e situa-se, no mundo espiritual, sobre a cidade do Rio de Janeiro. O comando da colônia cabe ao governador espiritual, que é auxiliado diretamente por 72 colaboradores dos ministérios de Nosso Lar. No momento da redação do livro *Nosso Lar*, o governador comemorava 114 anos à frente da colônia espiritual de transição e foi descrito pelo autor espiritual como um espírito de imenso valor e um trabalhador incansável, o único a não tirar férias de suas atribuições, trabalhando todos aqueles anos em prol de Nosso Lar. André descreve seu primeiro contato com o governador da seguinte maneira:

Nunca esquecerei o vulto nobre e imponente daquele ancião de cabelos de neve, que parecia estampar na fisionomia, ao mesmo tempo, a sabedoria do velho e a energia do moço; a ternura do santo e a serenidade do administrador consciencioso e justo. Alto, magro, envergando uma túnica muito alva, olhos penetrantes e maravilhosamente lúcidos, apoiava-se num bordão, embora caminhasse com aprumo juvenil.

A colônia é estruturada em seis ministérios: o da Regeneração, o do Auxílio, o da Comunicação, o do Esclarecimento, o da Elevação e o da União Divina. Cada um deles é administrado por doze ministros, totalizando os 72 colaboradores do governador. Além disso, 3 mil funcionários o auxiliam na governadoria.

Cada ministério tem sua própria atribuição; os quatro primeiros são mais próximos das esferas terrestres, enquanto o da Elevação e o da União Divina, como os próprios nomes podem sugerir, ligam os habitantes da colônia aos planos superiores.

A COLÔNIA ESPIRITUAL NOSSO LAR

No livro *Cidade no além*, ditado pelos espíritos Lúcius e André Luiz a Chico Xavier e à médium Heigorina Cunha, que fez os desenhos da cidade, vemos mapas do que seria a colônia espiritual. Pela descrição apresentada, Nosso Lar tem a forma de uma estrela de seis pontas. No centro, fica a governadoria, e cada ponta da estrela é ocupada por um dos ministérios da colônia.

Em suas primeiras reminiscências, André Luiz fala como ficou impressionado com as vastas avenidas, enfeitadas de árvores frondosas. Também chamaram a sua atenção o ar puro e, principalmente, o fato de não haver qualquer sinal de inércia: todos tinham alguma função e trabalhavam. As vias públicas, repletas de pessoas, possuíam edifícios e casas residenciais. Ele também descreveu, em *Nosso Lar*, um grande rio chamado de Rio Azul, além do Bosque das Águas, do Campo de Música, dos parques, das fontes luminosas e de uma enorme praça central.

Outro relato muito interessante trata do momento em que chega à casa de Lísias, local no qual vai morar. Ele descreve a casa como uma graciosa construção, cercada por colorido jardim. O ambiente interno era simples e acolhedor. Os móveis eram quase idênticos aos terrestres. Havia também quadros, um piano e uma harpa, entre outros objetos. Chamou a atenção de André a existência de uma casa de banho, o que nos permite ver que espíritos também realizam sua higiene íntima, algo curioso em comparação à primeira noção clássica que tínhamos de espíritos.

Toda a colônia espiritual Nosso Lar é cercada por uma grande muralha com baterias de proteção magnética, que a protegem de invasões de espíritos inferiores que podem tentar prejudicar a harmonia do local.

André Luiz descreve que, à época, havia 1 milhão de habitantes na colônia espiritual, e que essa população era formada por homens, mulheres, jovens e adultos já desencarnados. Quando ele questiona o irmão Lísias sobre se todas as colônias seriam iguais a Nosso Lar, recebe o seguinte esclarecimento:

> Não. Se nas esferas materiais cada região e cada estabelecimento revelam traços peculiares, imagine a multiplicidade de condições em nossos planos. Aqui, tal como na Terra, as criaturas se identificam pelas fontes comuns de origem

e pela grandeza do fim que devem atingir. [...] Quando os recém-chegados das zonas inferiores do Umbral se revelam aptos a receber cooperação fraterna, demoram no Ministério do Auxílio; quando, porém, se mostram refratários, são encaminhados ao Ministério da Regeneração. Se revelam proveito, com o correr do tempo, são admitidos aos trabalhos de Auxílio, Comunicação e Esclarecimento, a fim de que se preparem, com eficiência, para futuras tarefas planetárias. Somente alguns conseguem atividade prolongada no Ministério da Elevação, e são raríssimos, em cada dez anos, os que alcançam intimidade nos trabalhos da União Divina.

Nosso Lar seria somente mais uma das inúmeras colônias espirituais que recebem os espíritos quando desencarnados. Ao conhecer sua descrição, porém, é possível ter uma clara noção de como seriam as demais. Além de algumas diferenças, o grau de elevação dos espíritos interfere em detalhes da constituição de cada colônia.

Segundo a Ministra Veneranda, Nosso Lar, como cidade espiritual de transição, é uma bênção concedida, por misericórdia, para que alguns poucos se preparem para a ascensão e para que a maioria volte à Terra em serviços redentores.

REFERÊNCIAS BIBLIOGRÁFICAS

KARDEC, Allan. *O Evangelho segundo o Espiritismo*. São Paulo: Universo dos Livros, 2019.

_____. (ed.) *Revista Espírita*: jornal de estudos psicológicos. Brasília: FEB, 2004.

_____. O livro dos espíritos. 93. ed. Brasília: FEB, 2013.

_____. O livro dos médiuns. 71. ed. Rio de Janeiro: FEB, 2003.

_____. A gênese. 53. ed. Brasília: FEB, 2013.

_____. O céu e o inferno. 61. ed. Brasília: FEB, 2013.

_____. Obras póstumas. Brasília: FEB, 2015.

LUIZ, André (Espírito). *Nosso Lar*. [Psicografado por] Francisco Cândido Xavier. 63. ed. Brasília: FEB, 2012.

SOUZA, Luis Eduardo de. *Kardec*: o homem que desvendou os espíritos. São Paulo: Universo dos Livros, 2019.

_____. *Desvendando o Nosso Lar*. São Paulo: Universo dos Livros, 2010.

_____. *O homem que falava com espíritos*. São Paulo: Universo dos Livros, 2017.

_____. *365 dias com Chico Xavier*: as mais lindas frases para nos inspirar. São Paulo: Universo dos Livros, 2015.

_____. *Desvendando o espiritismo*. São Paulo: Universo dos Livros, 2014.

_____. *A fascinante história de Chico Xavier*. São Paulo: Universo dos Livros, 2011.